平成23年3月11日14時16分発生

東日本大震災

震災市長の手記

相馬市長　立谷　秀清

近代消防社　刊

はじめに

地震の直後に設置した災害対策本部で、もしやの大津波に備えて、海岸部の消防団に高台避難誘導を指示しました。その不安が、想像を超えた現実になっていると知ったときの胸騒ぎは、生涯忘れられないものです。

頭の中で思い描く被害状況とその対策を、次から次へと塗り替えざるを得ない被害報告の凄まじさに、心の平衡を保つのがやっとだったあの数時間の感覚が、今でもフラッシュバックのように私の中に甦ってくることがあります。何人が犠牲者になったのだろうという底知れぬ不安と闘いながら、「うろたえてはいけない」と自分に言い聞かせていました。

あの時は、災害対策本部長としての私の動揺を決して表に出さないことが、凡夫の私に出来る最初の災害対策だったように思います。

被災当日の夜、次々と報告される被害の現実に対して、対策本部が「被災者と相馬市を守るのだ」という信念の下にチームが一丸となって闘っていく為には、「ただちにすべきこと」と、「地域再建に向けて今から取り掛かるべきこと」を具体的な行動方針として明示し、相馬市対策本部の全員が行動目標をしっかり持つことだと考えました。情報収集を待っていたのでは膨大な被害状況に押しつぶされそうだったからです。

深夜に行動方針を一枚のシートにまとめ、今やるべきことをテーマごとに分類し、それぞれの項目に担当を振り付け、全員が目標と情報を共有しました。新たにもたらされる情報に対しては、その都度、行動方針を修正することとして対策本部全員の意思を統一しました。
その時、「目的意識を全員が共有し、被害の大きさに臆することなく、本部長を扇の要として全体で災害対策と復興に進んでいく」、という基本戦略のもとに一丸となることができたと思っています。あの夜に始まった、その闘い方は今日まで変わらず続いています。

2011年6月。復興後の姿を思い描き、相馬市独自の復興計画を立案しました。「復興とは被災者のそれぞれの人生のステージにおける生活再建である」という基本方針のもと、地域の希望と市民生活の安心を見通せるように、ソフト・ハードの事業計画を組み立てた最初の復興計画でした。

勿論、孤独死対策などの二次的な被害に対する新たな方策や、放射能事故に対する政府の対応の変化など、復興を進めるに当たり生じてくる課題や条件変化に対して、対策本部としてもPDCAサイクルによる改善を重ねる必要がありました。そして復興庁を始めとする各省庁の支援の拡大、友好自治体や支援団体からの強力な力添えと、何よりも危機に対して団結協力しようとする市民の力を得て、復興計画はその都度バージョンアップして行きました。

国内外から、多くのご支援とともに復興に対する様々な先進的なご提案も戴きました。

しかし、相馬市は江戸時代末期の大飢饉からの復興のために訓を請うた、二宮尊徳先生の報徳仕法が市政や市民の精神的支柱になっています。従って自殺や孤独死という二次的な犠牲者を出さずに、地道に、人々の絆を維持し、協力し合いながら一歩ずつ着実に復興を進めていくことを基本方針としています。そのスピードが遅いとか早いとかという評価は、実はあまり問題ではなく、相馬市の実情を踏まえた身の丈に合った復興計画を着実に進めていくことこそが大切なことと考えて来ました。

あれからもう6年あまり。

あの日のことは、つい昨日のような気もするし、遠い昔の記憶のようでもあります。我われが経験した災害の多様さは古からの災害史の中でも類を見ないものだったと思います。地震、津波被害に加えてその後の原発事故。それは災害規模の大きさばかりでなく、困難が複雑に入り組む大規模複合災害とも称すべき厳しい事態であり、相馬市始まって以来の最大のピンチでした。

それぞれのテーマに対して複合的な対策が求められる中、極限まで考え抜いて試行錯誤を繰り返しながら、住民の健康維持・管理と生活再建のために相馬市チームが精魂を込めたこの6年間でした。

今日、主要なハードの整備については多くの部分で完成を見ました。特に、被災者の新たな生活再建の為の高台移転による災害公営住宅の完成、次の大地震による倒壊の危険が指摘された市役所庁舎の改築落成、津波に打たれて廃墟となった漁業組合荷捌き場の再建と周辺施設群の完成などは、新たな相馬市創生ためのスタート地点に立ったことを意味します。

しかし、ソフト面においては原発事故風評被害による第一次産業の商品価値回復の問題、現在まで被ばく線量において問題なしと確認されていても継続的に安全を確認すべきである子どもたちの内部・外部検査、また今後再燃の可能性を排除し切れないＰＴＳＤ対策、被災独居高齢者の孤独化防止と健康サポート、津波で失われた観光資源に替わる交流人口確保のための施設整備と、その活用や民間協力による効果的な運用など、これからも気を抜けない課題が続きます。

そして復興を成し遂げながらやらなければならない、もう一つ大切な仕事があります。

それは、この大震災と向き合って来た今を生きる我われ相馬市が、地方政府として、この歴史的な郷土の危機をどのように受け止め、どのように対応したかを後世の相馬市民に伝承する義務です。

我われ相馬市として、第一回目は震災半年後、その後は年度ごとに「中間報告」を市職員の手で作成し、市内全世帯とご支援いただいた団体・ボランティアの方々にお届けして来ましたが、復興・創生期間はこれを続ける予定です。

一方、節目節目で、私の基本的な考えと所感を市民や市の職員と共有するために、また、外部からの支援者の方々に対するお願いや報告のために「相馬市長メールマガジン市長エッセイ」を綴って来ました。この度、このエッセイを中心に記録写真を配し、手記としてまとめました。

また、超急性期とも称すべき最初の24時間と、その後に続く災害急性期の2週間は、災害対策本部長の指示の記録や写真などを基に時間の経過とともに説明を加えて、私なりに執筆しました。

原発事故による放射能諸問題にも、有識者の先生方の絶大なご協力の下に、想定されるあらゆる対策を講じたと考えていますが、相馬市の行動記録と蓄積したデータを基に巻末に経過と説明を記しました。

災害対策はそれぞれのテーマが複雑に入り組んだ展開となっているため、記述に重複する部分がどうしても出てまいりました。メルマガのエッセイなどは、その都度状況の変化により新しい事実や考え方を上書きせざるを得ない点もあったため、こちらにも内容的に重なる箇所が出てきました。ここの処は、記述がくどくなりましたが、メルマガは情報伝達の手段として使われた記録でもありますのでそのまま掲載しました。よってお読み苦しいとは思いますがご寛容くださいませ。

文中に紹介させていただいた方々の役職名は原則として当時のまま表記しました。本来現在のお立場を注釈として加えるべきところですがご容赦ください。

本書を出版するにあたり、稚拙な文章、まとまりのない構成の流れや内容的な重複など、素人ゆえの不作を恥じるものです。ですが、私の記憶が薄らぐ前に、震災の記録を出来るだけ現場の生の声として残したく思い、私と地元の仲間の手を借りて編纂しました。

未曾有の大災害に翻弄された一人の地方首長の記録として、未来の相馬市民のみならず、南海トラフ地震をはじめとする今後の災害対策や危機管理のお役に立つことが出来れば幸甚です。

平成29年盛夏

目次

2011.3.11　2011.3.12　2011.3.26

I 震災発生24時間　II 震災発生2週間

第3章　避難所（平成23年3月26日〜6月27日の記録）……75

2011.3.17　2011.6.17

Ⅲ 避難所（平成23年3月17日〜6月17日）

第4章　仮設住宅（平成23年6月18日～平成27年3月26日）……105

2011.6.18

（平成23年6月18日～平成27年3月31日）

Ⅳ 仮 設 住 宅

■第5章　復興期（平成27年3月27日〜）……219

2015.3.27

Ⅴ 復興期（平成27年3月27日〜）

第6章　放射能との闘い……259

第1章

超急性期　震災発生24時間

(1) 震災発生直後

平成23年3月11日、14時46分、土地改良区の会議から市役所に戻ってきた私は、3階にある市長室までエレベーターで昇ろうとスイッチを押した直後に強烈な揺れに襲われました。

それは、初期微動を感じる間もなく急に揺れだしたのです。すぐに、下りてくるはずのエレベーターの階を示すランプがパッと消えました。揺れ始めから停電まで何秒もかからなかったので、相当強い地震だと直感しました。

その地震の揺れが次第に強くなり激しくなっていきます。1階の庁内を見渡すと、机の上の物が上下左右に揺れ、あたかもこちらに飛んでくるような勢いでした。騒然とする1階フロアにいる職員や市民に向かって「落ち着け、身をかがめろ」と叫んだのを覚えています。

しかし、そんな私も立っているのがやっとでした。

普通の地震と違って、この地震の特徴は大きな振動が長く続いたことです。後の記録によれば4分程の揺れだったのですが、私には30分とか1時間の長さに感じられました。

「この庁舎は大丈夫だろうか。崩れたら仕方がない、これも運命だ。じっとしているしかないが、とにかく早く止まってくれ」。

気が遠くなるほどに感じられた長い揺れがようやく収まり、やれやれ死なずに済んだと思いながら、私は3階の総務部長のところに駆け上がっていきました。

「非常事態だ。すぐ対策会議だ。」

私の号令を聞くまでもなく、災害対策担当の職員たちが次々に駆けつけてきました。

「団長は？」

「携帯がつながりません」

「無事だろうか？」

「無事ならば、すぐに駆けつけると思います」

ほどなく、荒忠夫団長の日焼けした顔が消防法被姿でこちらに向かってきました。やや遅れて、菅野勇副団長と山田行雄副団長の顔を確認したのが、揺れが収まって9分後でした。

総務課から庁議室に全員で移動し、

「これより災害対策本部を立ち上げる。災害対応マニュアルに従って各自直ちに行動を開始しなさい。ただし、消防団には特にお願いしたい。倒壊家屋があるかもしれない、各地の団員に担当地区全戸の確認を頼みたい。今、津波警報が出ている。最大で3メートルの津波の可能性があるという。内陸部の分団は、倒壊家屋のチェックと傷病者の救出だが、海岸部の第三分団、第七分団、第九分団は住民を高台に避難させなさい。避難場所は災害マニュアルのとおりで良いが、とにかく高台に誘導しなさい」

私の指示を受けて団長・副団長をはじめ市の担当者たちは十の分団に連絡を取り始めました。

やがて、地震による被害状況の報告が次々と入ってきましたが、被害の全くないという家屋は皆無と思える状況でした。

続いて、電柱が倒れて道をふさいでいる、また市内各所で崩落した壁が道路

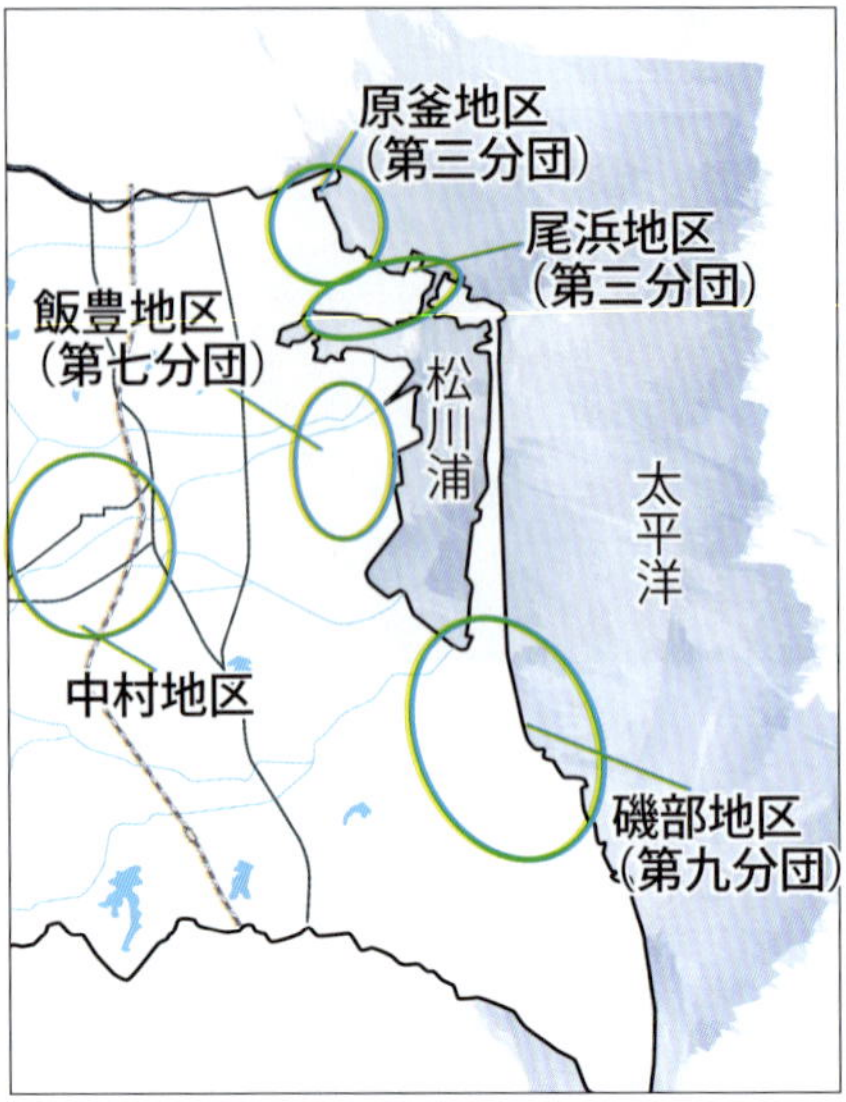

相馬市の沿岸部

に散乱して車両が通行できない個所の報告が入ってきました。「こんな時に、救急車が通行できないとしたら、消防団と救急隊員にタンカで運んでもらうしかない、その体制はどこまで可能だろうか?道路の状況が悪いときに火災が起きたらひとたまりもないぞ」と、そんな不安が脳裏を過ぎりました。

30分後に、怖れていた情報が入って来ました。スーパーの壁が落下して頭を打撲した女性が意識不明の重体であるという通報でした。救急車のアクセスと病院の受け入れ体制を確認して、「あとは祈るしかない。次の傷病者が出ないでほしい」。

海岸部では、高台への避難誘導が始まっていました。消防団員や行政区長が、集落を廻って避難を呼びかけていたのです。

海に近い全集落に高台避難を呼びかけているので、磯部地区高台の磯部小中学校、原釜・松川地区から近い中村第二小中学校の体育館および東部公民館だけでなく、内陸部の中村地区の体育施設や多目的施設も避難所となりました。

相馬市は記録が残っている明治時代以降、津波で死者が出た記録はないのです。従って私もそうですが、海岸部の住民に津波への強い恐怖というものはありませんでした。しかし、あまりに大きな地震でしたので、「ハザードマップのレベルではない。とにかく高台に逃げてくれ」。そう祈るような気持ちでした。

市庁舎は不幸中の幸いにも停電を免れたため、テレビの画面は動き続けていました。

そのテレビが、三陸地方への津波襲来を告げていました。

「相馬にも津波が来るのではないか？出来るだけ早く高台に避難してもらいたい」と願っていた時に、津波が内陸に4キロメートル入った国道6号バイパスを越えようとしているという報告が飛び込んできました。私には、信じられないことでしたが、続いて入った第三分団長からの報告は「原釜地区は壊滅状態だ、想像を絶する津波が来た」。

私が、第三分団長に「団員たちは無事か」と声を上げたところ、大抵の団員は近くの高台に逃げて難を逃れたが、全員は確認できないとの報告でした。

急いで、磯部地区の第九分団と連絡を取りましたが、分団長、副分団長とも応答がありません。

第七分団とは連絡がつき、「地域の住民は高台に逃げて、無事だ。津波は松川浦に隣接する家屋を飲み込んだが団員も全員無事だ」。

第七分団担当の岩子、柏崎地区は、すぐ近くに高台があり避難に要する距離が短い。新田地区は平たんな水田地帯ですが、海岸から奥まった場所にあるので、津波による家屋の破壊流出は少数という報告でした。

しかし、磯部の大洲、芹谷地地区は高台までの距離が長いのです。不安が全身を駆け巡りましたが、どうすることもできません。もちろん携帯電話も有線電話も応答がありません。磯部地区の高台の住民の方に電話して状況を確認するように指示をしましたが、電話での情報取得は全くできませんでした。

そんな焦燥感に駆られる中で、次々と具体的な被害状況が私の手元に入ってきました。高台に逃れた第三分団からの消防無線と、一般の方でたまたま回線がつながった方からの情報でした。

「沖の方に女性が流されている」。

「社会福祉協議会のワゴン車が流されているのを見た」。

津波は、一度だけではありませんでした。第一波の引き波の後、第二波も相当な圧力だったと思われます。犠牲になった方の多くが、第一波の後、自宅に貴重品を取りに戻って波にのまれた方でした。

情報の中には、「孤立している。高台に逃げて助かったが、傷を負っている、早く助けて欲しい」という緊迫したものもありました。今のようにドローンをすぐに飛ばせる技術も無かったので、被害の全体像を把握することは非常に困難でした。

時刻は午後4時過ぎ。あと1時間もすればやってくる日没までの間、出来るだけ情報を集め、すでに連絡を入れていた自衛隊との共同作業で孤立している人たちを救出する準備を進めなければなりませんでした。同時に、避難所に収容した被災者の、水、暖房の手配も喫緊の課題でした。

自衛隊には津波の直後に直接出動をお願いし、その旨を県に伝えました。県を通して協力を依頼することになっていましたが、一刻を争う状況でしたので県に取り次ぎを依頼する余裕はありませんでした。総務部長から自衛隊福島駐屯地に直接電話を入れさせたところ、まずバイクの先遣隊を向かわせ、次に機動車を投入するという返事でした。

孤立者の救出には、自衛隊の協力が何としても必要でした。津波の海水の中で、流されないで2階3階に生存して孤立している人が多数いるという情報が入っていましたが、がれきと海水を越えて救出作戦を行うにあたり、自衛隊の機動車の到着を心待ちにしていました。それまでに我々のすべきことは、孤立者が、どこに、何人いるのかという情報を集めることと、日没前にできるだけがれきや地域の浸水状況を把握しておくことでした。

津波警戒の避難誘導の際に開設した避難所は、高台の公民館、海岸部の子どもたちが通う小中学校4校のほかに、市街地にある小中学校の体育館、「スポーツ施設のアリーナ」、福祉施設の「はまなす館」などです。避難先では住民どおしの助け合いも必要になると考え、集落全体が一カ所の避難所に入るように誘導しました。

津波の一時間後には避難所はすでに満杯状態で、相馬市が備蓄していた水、食料、毛布の数（700枚）では到底まかない切れません。災害協力協定を結んでいた市内のスーパーの商品を全部確保するかたちで食料品などに対応しましたが、とても足りる状況ではありませんでした。

津波の後数時間の避難所は非常に流動的で、人数の把握がなかなかできない状況でしたが、すでにこの段階で相当長い間の避難所運営が予想されましたので、概略であっても在館者の把握は必要な作業でした。また、津波の現場近くで助かった避難者の人たちからの情報は貴重でした。

自衛隊の到着後に直ちに救出作業に取り掛かるためには、市役所に届く市民からの報告の数々を記録・整理する必要がありましたが、はじめは混乱を極めました。

そこでランダムでも良いから一枚のホワイトボードに、時間とともに逐次記録することにしました。一枚のホワイトボードが瞬く間に情報で埋まっていきましたが、次のホワイトボードを用意し時系列的に情報収集を一元化しました。さらに時間とともにホワイトボードを写真で記録することを指示しました。

指定避難所のキャパシティは、公民館や学校の体育館の収容人数が基本でしたが、状況把握が進むにつれ、従来の想定ではとても足りないことが明らかになっていきました。

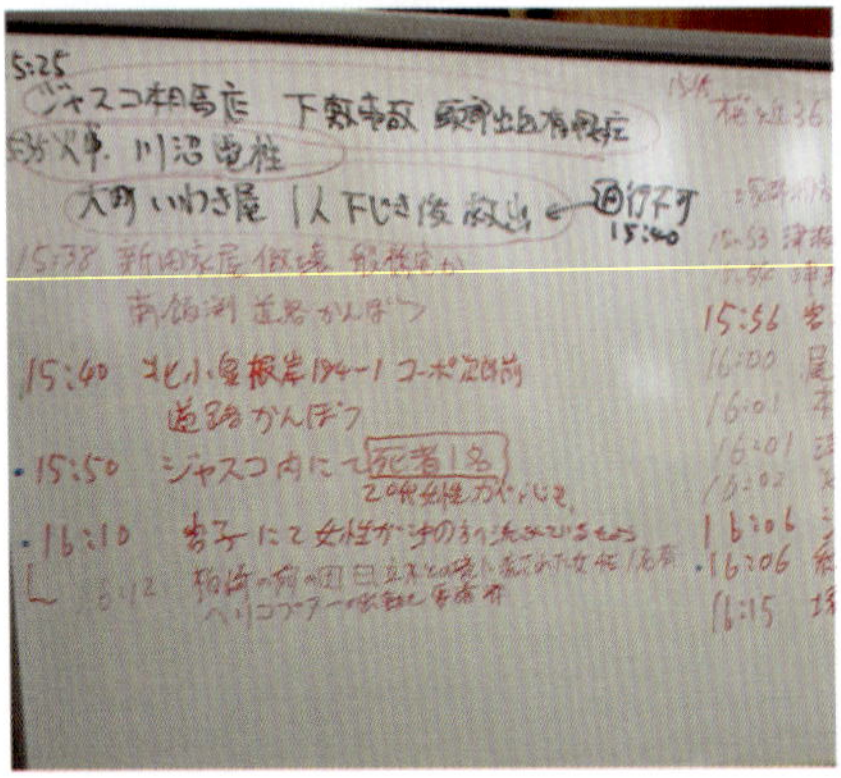

また、学校教育は当分不可能であると考え、木造校舎として完成したばかりだった中村第一小学校の教室をすべて被災者のために開放しました。福祉施設であるはまなす館も全館を避難所とするよう指示しました。

対策本部としては、集まってくる被災者の数で災害の規模を推計しようとしましたが、この数字が刻々と増加していくため、水、毛布、食料の準備作業には困難を極めました。

しかし、地震のダメージだけだった津波被災地以外の市民は、市の災害対策に対して非常に協力的でした。

集められた物資　1階ロビー

3月と言えばまだ気温が低かったため、特に必要な物資は毛布でした。すでに夜になっていましたが、市の広報車で協力を呼びかけたところ、多くの毛布が市役所に届けられました。毛布は逐次、避難所の被災者に届けられたため、残念ながら正確な量的記録は残っていませんが、次々と運び込まれる毛布を見て、私は、相馬の地域社会の底力のようなパワーを感じていました。

様子を見るため避難所をまわり、逆に被災者に「市長！こんな時だからしっかりやれ」と励まされて対策本部に戻った私は、何とかこの状況を押し戻すことは出来ないか？自分を戦闘モードにできないか？と考えました。

市民から寄せられた毛布・寝具

対策本部には、企画政策課長の渡部卓君が座って、黙々と事務をこなしていました。彼のお父さんは磯部地区の行政区長で、津波の避難誘導の際に津波に飲まれたらしいという情報がすでに入っているのに、毅然としてこの厳しい現実と闘っていました。

私も消息の分からない原釜地区に住む弟の安否を人に聞いているような状況ではない。家族の心配をする前に一番闘わなければならないのは、市長であるお前なのだと、彼は無言で私にそう言っているように感じました。

（2）最初の系統的行動指針

市役所全体が次々と明らかになる災害情報に戸惑う中、私自身が行動目標を持つことにより、自分の気持ちを鼓舞し、意欲をかき立てなければいけないと考えました。私だけではない、対策本部全体が災害に押しつぶされないためには、我々に襲いかかる不安や絶望に対して、目的、目標を持って闘う気持ちになることこそが、災害に負けない唯一の方法でした。

24時を過ぎたころから全体状況の整理と行動目標の策定を始めました。テレビでは、東日本の太平洋沿岸部全体にわたる被災の映像が報道され、被災者は数十万人となっていました。

政府や自衛隊の支援も、果たしてこの大量の被災者に対してどこまで及ぶのだろうか？仮設住宅が必要だが、国全体でどれ程の在庫があるだろうか？これは、グズグズしていたら遅れを取ってしまうのではないか？

仮設住宅の建設が競争になるとしたら、私は負けるわけにはいかない。私が気持ちを切り換えた転機が、そこにありました。競争に負けるわけにはいかない、災害にも負けるわけにはいかない。

しかし、先の展望よりも今の自分には、現場で救助を待つ孤立者と避難所には生活環境を追われた4、000人以上の被災者がいます。この方々の生命、健康を守ることが第一の課題です。仮設住宅建設などは、その次のテーマとなりますが、目標として大きく意識しなければなりません。

そこで、私は、被災者と市民を守るための『直後の対応』と『地域・被災地の再建に向けた対応』に分けて、対策目標を立てることにしました。

目標1　直後の対応として、

①孤立者の救出

②被災情報の収集と生存者の確認
③命を取り留めた被災者の方々から、次の死者を出さないための、避難所への水・食料・暖房・医療・ガバナンスの確立
④津波被災地以外地区への水の配給として給水車の確保
⑤ほかの被災地に遅れを取って必要物資を確保できないようでは、私は指揮官として失格だ

目標2　中長期的対応として、
①被災者のためにアパートや遊休住居を確保すること、そのためには被災者のデータベース作成と連絡先の確認
市内全部の不動産業者に協力をあおぎ空きアパートをすべて抑えること、また企業の空き宿舎や老朽化したため使用を控えている雇用促進住宅などを使用する交渉を始めること
②被災地の道路啓開には市役所と市内業者だけでは足りないので、防災協定を結んでいる友好都市に速やかに協力を要請し、ルート確保のためのがれき撤去を可能な限り速やかに始めること
③仮設住宅の建材は争奪戦になるだろうから、今日中に県に申し込むこと、申し込みにあたっては、建設用地の確保が前提になるので、市内の可能な遊休地を今から洗い出し住宅の図面を引くように。企業の遊休地もお借りできれば、今から交渉を始めるように。市内の土地を持つ企業は会社に集まっているはずだ
④被災者は着の身着のままで避難所に逃げてきた、歯ブラシを買うお金も無いはずだ、一人3万円支給すること
ただし、本人確認と連絡先を聞きながら支給すること
住民基本台帳との突合を兼ねて、データベースの資料となるように
⑤ライフラインの復旧は津波被害の問題とは別に、上下水道、電気、ガスの復旧を計画立てて、全体を見渡しながらやるように

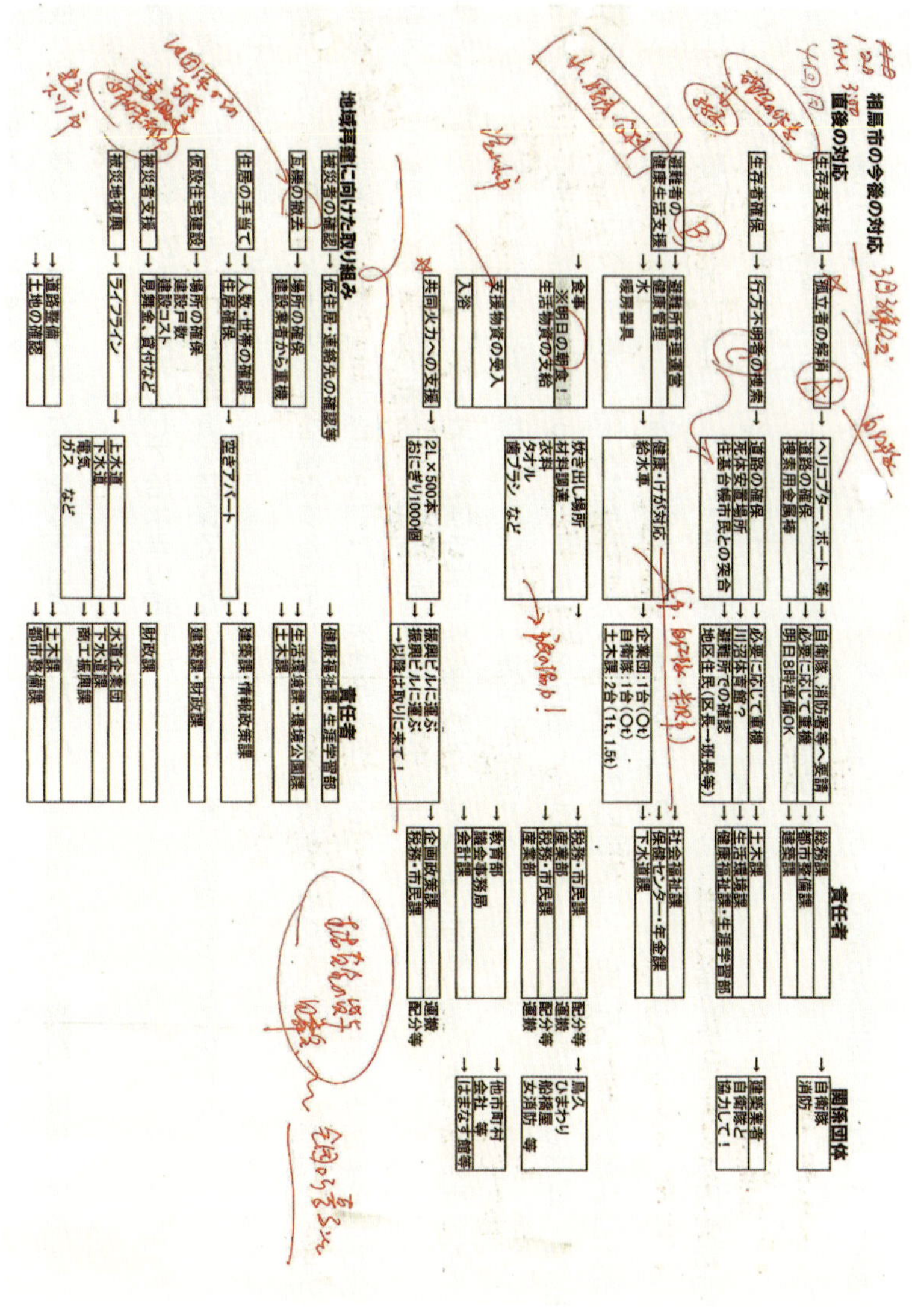
相馬市の今後の対応
直後の対応
生存者支援 → 孤立者の解消 → ヘリコプター、ボート 等
道路の確保
捜索用金属棒 → 自衛隊、消防署等へ要請
必要に応じて重機
明日8時準備OK → 総務課
都市整備課
建築課 → 自衛隊
消防
生存者確保 → 行方不明者の捜索 → 道路の確保
死体安置場所
住基台帳市民との突合 → 必要に応じて重機
川沼体育館？
避難所での確認
地区住民(区長→班長等) → 土木課
生活環境課
健康福祉課・生涯学習部 → 建築業者
自衛隊と
協力して！
避難者の健康生活支援 → 避難所管理運営
健康管理
水
暖房器具 → 健康・けが対応
給水車 → 企業団:1台(Ot)
自衛隊:1台(Ot)
土木課:2台(1t、1.5t) → 社会福祉課
保健センター・年金課
下水道課
→ 食事
※明日の朝食！
生活物資の支給 → 炊き出し場所
材料調達
衣料
タオル
歯ブラシ など → 税務・市民課
産業部
税務・市民課
産業部 → 配分等
運搬
配分等
運搬 → 飯久
ひまわり
船橋屋
女消防 等
→ 支援物資の受入
入浴 → 教育部
議会事務局
会計課 → 他市町村
会社 等
はまなす館等
→ 共同火力への支援 → 2L×500本
おにぎり1000個 → 振興ビルに運ぶ
振興ビルに運ぶ
→以降は取りに来て！ → 企画政策課
税務・市民課 → 運搬
配分等
責任者
関係団体
地域再建に向けた取り組み
責任者
被災者の確認 → 仮住居・連絡先の確認等 → 健康福祉課・生涯学習部
瓦礫の撤去 → 場所の確保
建設業者から重機 → 生活環境課・環境公園課
土木課
住居の手当て → 人数・世帯の確認
住居確保 → 空きアパート → 建築課・情報政策課
仮設住宅建設 → 場所の確保
建設戸数
建設コスト → 建築課・財政課
被災者支援 → 見舞金、貸付など → 財政課
被災地復興 → ライフライン → 上水道
下水道
電気
ガス など → 水道企業団
下水道課
商工観光課
→ 道路整備
土地の確保 → 土木課
都市整備課

第４回対策会議・行動目標と割り振り一覧のエクセルシート

私が以上の考えを箇条書きにして、佐藤憲男副市長に渡したのが、25時だったと思います。私の指示を受けた佐藤副市長と、その場に同席していた国土交通省から出向していた小山健一建設部長のその後の事務処理は、見事なものでした。

私の指示をエクセルシートの縦軸の項目にして、具体的な作業事項は横軸に展開。さらに担当部署の割り付けをして、私のところに持参してきたのです。

このフォーマットは、1枚のシートで本部長からの指示が伝わり、対策本部のメンバーたちの自分の役割と責任を明確にし、また、全体の行動目標を示す戦略・計画書に仕上がっていました。これで被害の大きさに押されっぱなしだった対策本部も明確な戦略を持って、この災害と戦うことができる。そう考えて4度目となる対策会議を招集しました。

災害対策本部会議
（平成23年3月12日午前2時45分）
（筆者撮影）

午前2時45分に始まった対策会議では、人命救助、市民の健康維持を第一とした短期的対応と、地域再建のための長期的対応を行動目標として方針決定しました。これを対策本部全体で共有し、さらに市役所職員や関係者が同じ目的意識を共有することで、相馬市チームができ上がりました。この会議の協議中にも本部員からの報告や具体的な提言が寄せられましたが、私からも「棺桶も競争になるからとりあえず500棺ほど明日発注するように」と、つけ加えました。

私自身、これは競争であり復興のための闘いである。ほかの地域との争奪戦に負けるわけにはいかないという気持ちが、災害に負けてたまるかという気持ちに変わっていきました。

（3）眼にした現実

一睡も出来ずに夜を明かした私は、各部署の実行計画をチェックした朝の対策会議を終えて、午前9時過ぎに、荒忠夫消防団長、菅野勇・山田行雄両副団長と4人で津波被災地の原釜地区に向かいました。

被害の様子は、立谷耕一第三分団長からの報告でおおむね理解をしているつもりでしたが、頭の中の想像と現実の違いをあの時ほど、強く思い知らされたことはありません。

車を止めた原釜の消防屯所には、すでにご遺体が3体置かれていました。一見して老年の女性と分かりましたが、顔が土色に変色して歪んでいます。原釜地区の高齢の女性は大抵は私の病院の患者さんでしたので見覚えがあるはずです。しかし、生前とは全く違った風貌となっているせいか判別がつきませんでした。

ここはひとまず、ご遺体に両手を合わせ、心の中で「済まない済まない」と思いながら、高台にある元市議会議員の立谷幸雄さんの裏庭へ進んだ時に、津波被害の現場が私の目に飛び込んできました。

津波に飲まれた原釜・大津地区には見渡す限り一軒の家も無く、累々としたがれきの原が続いていました。右下の方には私の生まれ育った味噌醤油屋があるはずなのに、家がどこだったのかも判断がつきません。

流された立谷味噌醤油店の看板

かろうじて残っている鉄筋コンクリート造の漁業組合支所の前に、流されている味噌醤油屋の看板が目に入ったとき、家を継いでいる弟夫婦は逃げてくれただろうかと脳裏をよぎりましたが、口に出すことはできませんでした。

立谷家は先祖代々この地に暮らし、原釜は私を育ててくれた故郷。その変わりようには、頭の中が真っ白になりました。

6時間前の対策会議で震災対策の戦略を立てて、この闘いに負けてたまるかと、あれだけ自分を鼓舞したはずだったのに。これだけの失われた人々の生活を再建することが、この私にできるのだろうか・・・。

だいたい、このがれきをどのように整理したらよいのだろうか・・・。

私は呆然と立ち尽くしてしまいました。

ふと気が付くと私の背中を掴んで嗚咽している人がいます。親戚の長老である幸雄さんでした。

「原釜が無くなった。醤油屋が無くなった」。

私は、ハッと我に返り、

「大丈夫だ。ちゃんと復興させる。ここは私の故郷だ」。

次に私たちは、松川地区に向かいました。松川浦にはがれきが散乱し、津波で流された住宅が松川浦の水面に立っていました。

松川地区の入口付近で車での進行が不可能になり、手と足でがれきを乗り越えながら進もうとしましたが、道路上には津波で打ち上げられた漁船が行く手を拒んでいました。

釘や切片に注意しながらがれきを乗り越えて進んでいくうちに、手にタコを下げた漁師と出会いました。「港が接岸できないため、浅瀬を探して海に飛び降りた。自分の家は跡形もない、避難所に家族を探しに行かなくてはならない」。彼はそう言ったあと、無言でした。

その漁師に別れを告げて先に進もうとしましたが、がれきに阻まれ思うように進めません。ほかの地区の状況も見なくてはならないので、松川地区から引き返そうとしたところ、山田副団長が、「松川に娘を嫁にやった。娘の消息が分からない。娘の家を確認しなければならない」と言って、独りだけ先に進もうとしました。

私は、その時はじめて気付いたことだったのですが、昨夜以来、山田副団長は娘さんを案ずる気持ちを耐えながら、対策本部に詰めていたのです。

山田副団長の表情に気圧されて4人とも先に進もうとしましたが、やがて、山田副団長から「市長さん、娘だけを探すわけにはいかない。岩子、磯部に向かいましょう」。ほかの3人とも目でうなずき、岩子に向かう和田地区の高台の道路を目指しました。

岩子地区　水田

岩子地区は、高台の連続する岩礁のつけ根に集落があったため、津波からの避難は比較的スムーズだったので、死亡者は出なかったことが当日の報告で分かっていました。

しかし、市内有数の穀倉地帯である岩子の干拓地帯は、津波が運んできた大量の松の木とヘドロが車両の進行を許さず、我々は全く進むことができませんでした。そして我々が見た流木と化した大量の松の木が泥にまみれて水田に散乱する惨状は、農業の復興は絶望的かと思わせるものでした。

岩子地区から磯部地区に向かうのを諦めて日立木地区からのアプローチを試みましたが、比較的内陸であるこの地区にも磯部からと思われるがれきが押し寄せていて、水田のあぜ道ごとにがれきが積み重なっていました。

消防団員が私に気づき、「市長、この中にご遺体があります。警察に連絡したところ、手をつけないで警察の到着を待つように言われました」。

見れば、がれきの下に海水に浸ったご遺体がのぞいていました。「なんと理不尽な、私が引き上げたい」という衝動にかられましたが、同時にご遺体は磯部の人ではないか、磯部はどうなっているのだろうかと胸が苦しくなりました。

その磯部地区には、大量のがれきと流木で、その時は結局到達することはできませんでした。

ご遺体の安置所については、廃校になった旧県立相馬女子高校の体育館をお借りして仮置きすることがベストと思われましたので、県に依頼し了承をいただいていました。

また、ご遺体の捜索は警察と自衛隊の方々が本当に親身になってやってくれましたが、「地元の消防団員も消防法被を着て市民に見える形で参加してもらいたい」と、団長に頭を下げました。これは、相馬市のプライドの問題と考えたからです。それぞれの家庭が津波や地震で被災している中、消防団員たちは市民にその姿を見せ続けてくれました。

(4) 緊急医療体制

被災地の現状視察から戻った私のところに、大変勇気付けられる報告が届いていました。

11日の夜は、被災者を避難所に収容することや、水、食料、暖房を確保することを優先したため、急患以外の有病者の対応は二日目の仕事と考えていましたが、相馬市が設置した避難所のうち「はまなす館」と「スポーツアリーナそうま」に、相馬市の医師会の先生方のほぼ全員が自発的に集まっていたのです。

日ごろ仲良くしている彼らが、この時ほどたくましく思えたことはありませんでした。

ほどなくして、当時の民主党政権で前官房長官だった仙谷由人氏から、「立谷さん。あんた無事で良かった。ところで、相馬市の被害はどうか？DMATの手配は要らないか？」と、私の携帯に連絡が入りました。この電話を皮切りに仙谷氏と、彼の腹心だった後の初代復興大臣の松本龍氏とは毎晩のように連絡を取り合うようになります。

相馬市には、二つの病院があります。私が管理者を務める公立相馬総合病院と、さらに私が経営する相馬中央病院です。二つの病院とも地震による器物の損壊や水道の水圧低下などの対応に追われながらも、この災害の負傷者や体調を悪くした急患の処置に徹夜で当っていたのですが、被災者の二次的な健康被害対策も含め、医師の人員不足は深刻と考えていました。私は、即座にDMATの派遣をお願いしました。DMAT派遣のアシストに廻った松本氏はナイスガイでした。当時の政府の中では群を抜いていたように思います。仙谷氏の人情味に溢れた気配りと状況判断は、歳も同じで、我われはその後友人付き合いをする様になります。

さて、DMATは急患と被災者の健康管理が主な業務となりますが、医師は拠点を持たないと有効な医療ができませんので、宿泊を含めて相馬中央病院を拠点とし、医療器具・医薬品・医事品を自由に使ってもらうよう指示しました。DMATの滞在期間は1週間ほどでしたが、震災急性期の戦場のような医療現場で大いに力を発揮してもらいました。

24時間経過時点では、災害の規模や被災者の概要も大まかながら掴めるようになってきました。各地の消防団からの報告と市役所の地図データからの推測では、被災人口が5,000人あまり、特に集落ごと失われた場所は、磯部地区の大洲・芹谷地・大浜集落。戸数の半数程度、あるいはそれ以上失った集落は、北原釜・尾浜・南原釜・岩子・古磯部。避難所に収容された人数が、約4,500人。亡くなった方々は、500人～600人と推定しました。親戚や知人のお宅に避難した人もいる反面、津波被災地以外でも、地震による停電や断水により避難所に助けを求めた市民もいましたので、正確な数の把握はとてもできませんでした。その後、被災証明や住民基本台帳の確定に伴い修正していきましたが、この最初の推計値を目途に対策を立てていきます。

（5）友好自治体からの支援

3月12日の午前中には早くも姉妹都市である千葉県流山市と防災協定を結んでいた東京都足立区から、アルファ米（水を掛ければ即席のご飯となる）、水、乾パンなどの非常食と、毛布や米が届きました。

自衛隊の炊き出しが始まる前でしたので、アルファ米や水は大変有り難い支援でした。同じ東北地方でも山形県米沢市から、翌日には支援物資が届いていました。東北全体の地震被害でしたから、断水や家屋の被害などで米沢市も大変だろうと思いながら市長さんの顔が目に浮かびました。選挙開票時間の短縮化を競い合っていた長野県小諸市からも、早々に物資が届けられました。直後の苦しい時に、友好自治体からの支援物資の知らせを聞いたあの時の感謝の気持ちは、今でもずっと残っています。これは、その後の『支援物資を出す時は、早い方が良い。』という相馬市の大方針になりました。

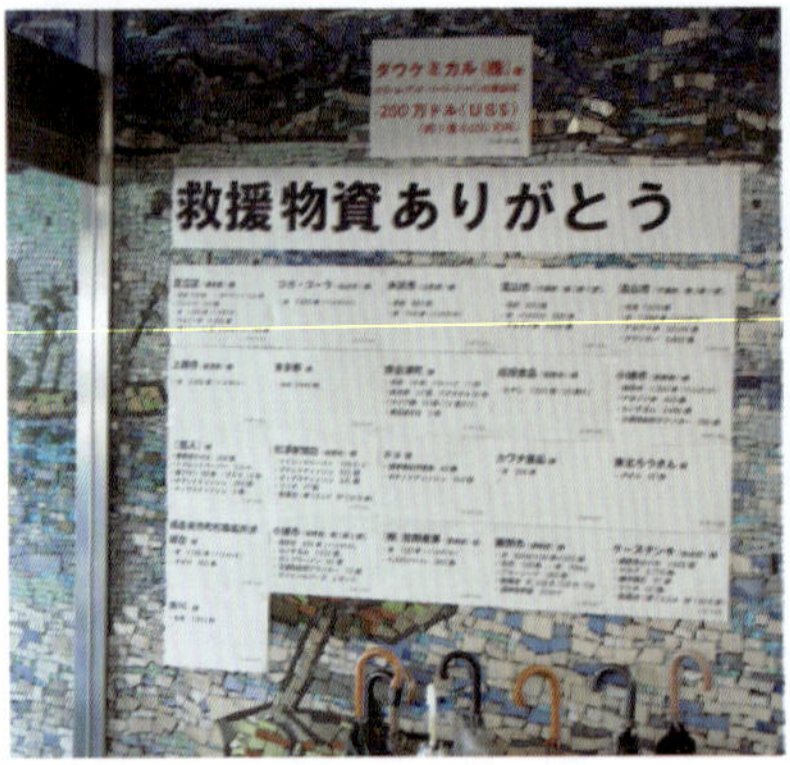

私たちは、支援物資を戴いた自治体名などをA４用紙にプリントアウトして市役所の壁に張り出すことにしました。

その後も、友好自治体からの支援物資が続きます。荷下ろしの際に、どこからどのような物資が届けられたかを正確に記録しなければなりませんでしたが、ＩＳＯ９００１を取得していた市職員たちは、記録することが習慣として身についていましたので、あの混乱の中でもよくやってくれたと思います。

頂いた支援物資は、エクセルシートにデータベース化するように指示しました。データベース化することで、足りない物、あるいは急激に消費される物が良く分かるようになります。次に、インターネットがつながるのを待って、必要物資を市ホームページで公開し支援を呼びかけました。

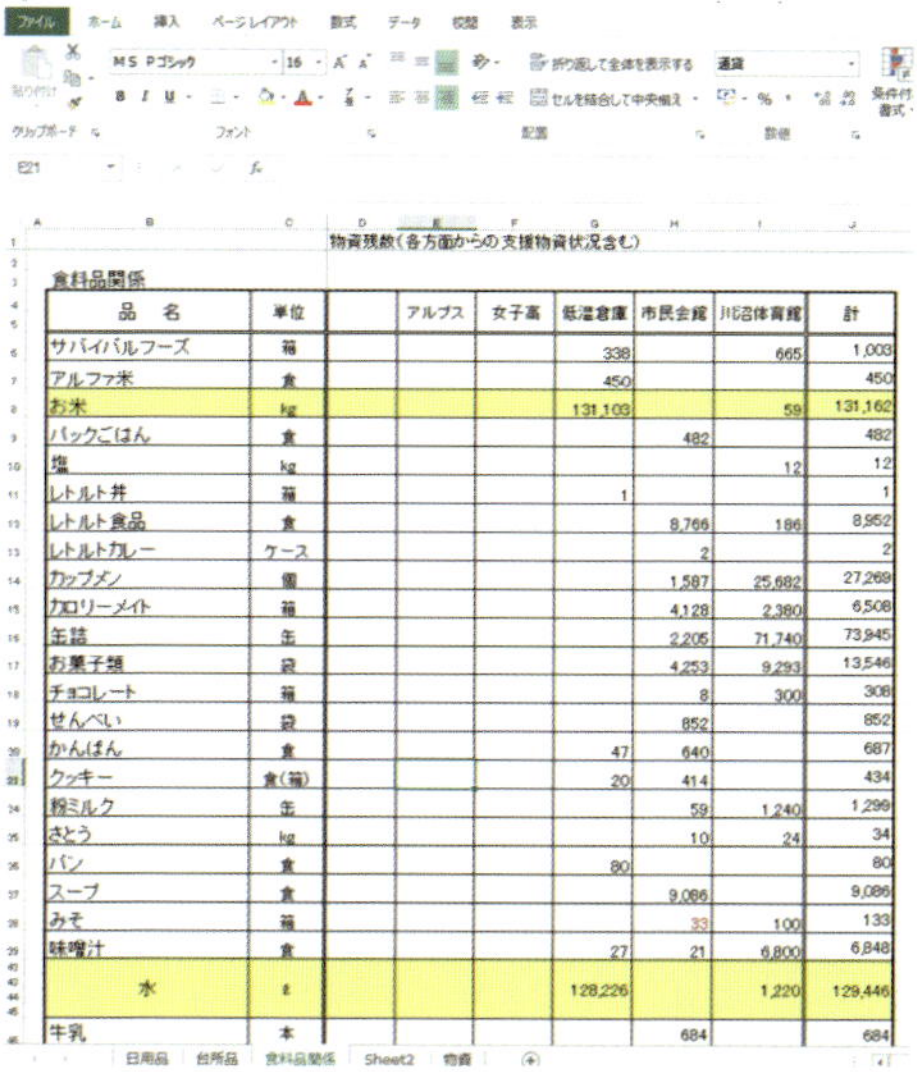
物資残数（各方面からの支援物資状況含む）

食料品関係

品　名	単位		アルプス	女子高	低温倉庫	市民会館	川沼体育館	計
サバイバルフーズ	箱				338		665	1,003
アルファ米	食				450			450
お米	kg				131,103		59	131,162
パックごはん	食					482		482
塩	kg						12	12
レトルト丼	箱				1			1
レトルト食品	食					8,766	186	8,952
レトルトカレー	ケース					2		2
カップメン	個					1,587	25,682	27,269
カロリーメイト	箱					4,128	2,380	6,508
缶詰	缶					2,205	71,740	73,945
お菓子類	袋					4,253	9,293	13,546
チョコレート	箱					8	300	308
せんべい	袋					852		852
かんぱん	食				47	640		687
クッキー	食(箱)				20	414		434
粉ミルク	缶					59	1,240	1,299
さとう	kg					10	24	34
パン	食				80			80
スープ	食					9,086		9,086
みそ	箱					33	100	133
味噌汁	食				27	21	6,800	6,848
水	ℓ				128,226		1,220	129,446
牛乳	本					684		684

支援物資のデータベース化

また、私が所属する市長会の団体に必要な物資の品目を記した支援物資依頼状を発送しました。いつ手紙が届くか、物流は相馬市まで運んでくれるかどうか分からない状況でしたが、頼める相手がいるだけでも有りがたいことです。

持つべきは友人だと痛感しました。

第2章

急性期　震災発生2週間

（1）原発事故の報道

3月12日以降、対策会議の私の発言と協議内容を、建設部長の小山健一君がパソコンで口述筆記していました。災害急性期の記録としては実に貴重な資料です。この章では、この記録（原文）を基に記しています。

震災発生から20時間過ぎたあたりから、福島第一原子力発電所が津波で被災しているという報道が繰り返されるようになります。

45キロメートル離れた相馬市にとって、はじめのころは双葉郡の原発被災は所詮他所事と考えていました。4、000人を超す避難民に食料や医療、生活の場を与え、彼らの生命や健康を守ることに一所懸命なときに、「遠く離れた双葉郡の原発のせいで邪魔されてたまるか。相馬は原発どころではないのだ」。

小山健一建設部長

しかし、「福島第一原発の電気系統不良により核燃料の冷却ができなくなった」続いて「水素爆発が起きた」との報道を受けて、3月12日夕刻から南相馬市小高区の方々が相馬市の避難所に押し寄せて来たので、相馬市の行動方針に織り込まざるを得なくなりました。

原発事故は、最初は国と県で対応すべき問題と考えていましたが、放射能拡散のリスクが報じられるに従い、45キロメートル離れた相馬市としても真剣に向き合うべき事態となっていきました。

もう20年以上も前ですが、私が県議会議員の1年生の時、福島県はプルサーマル計画を受け入れるべきかどうかの大議論になったことがありました。その時勉強したことは、「天然ウランのうち原発燃料となるウラン235の含有率は、0・7パーセントに過ぎない。これを濃縮して3〜5パーセントにすると、放置すると核分裂を起こすようになり、その時発生する熱をエネルギーに変えるのが原子力発電である、核反応を制御するのが冷却水であり、原子力発電所は制御とエネルギー変換のシステムである。一方、一瞬で爆発する核爆弾にするには、90パーセントまで濃縮する必要があり、原爆開発国が最初に直面する技術は、この核濃縮である。だから、原発では核爆発は起こり得ない」。

これが私が原発について勉強した基礎知識でした。プルサーマル計画では、ウラン235の分解生成物（フィッションプロダクト）を、ガラス固化して地下500メートルに埋める方針です。しかし、核燃料の中に封入されているべきフィッションプロダクトが、燃料棒溶解となれば外気に飛散するだろうということは容易に想像がつきます。その結果、人体が被ばくし、その影響をミリシーベルトで表すことも職業柄分かっていました。我々医師は年間50ミリシーベルトまでの許容範囲で働いて来たのです。

原発事故が報じられた当初は、フィッションプロダクトの飛散の影響までは考えなくとも良いと思っていましたが、原発建屋の水素爆発により、状況が一変します。

「原発から漏れる放射線が45キロメートルも離れた相馬までは届かないだろう、核燃料が爆発するはずもない」と考えていたところに、上空の風に乗って飛散した放射性物質が降り注ぐという現実に直面することになったのです。

公立相馬総合病院には、院内被ばくに備えるための放射線測定器がありましたので、3月13日そのデータを持って熊佳伸院長が駆けつけて来ました。3月13日は、1時間あたり3・25マイクロシーベルト、翌3月14日には、1時間あたり1・25マイクロシーベルトの値を示していました。もしも、これが上昇を続けるような事態が起きれば、入院患者も含めた市全体の避難を考えなければなりません。その値をどこに設定するか、院長と私は1時間あたり20〜40マイクロシーベルトの範囲で、国の動向、県の指示を見ながら一時避難を判断しようと考えました。ただし、原則的には、それより低い値であっても、国の指示には従わなければならないことも確認し合いました。

しかし、国は原発地点を中心とした同心円で避難の目安を設定したものの、線量に対する明確なコメントは出していませんでした。国のコメントは、「現段階では、ただちに健康を害するレベルではない」。この言い方は、多くの国民と相馬市民を不安に陥れました。

現に、南相馬市からは大量の市民が相馬市に押し寄せてきました。被災市民のマネジメントのためには、相馬の避難所が南相馬市民との合同施設となっては混乱します。私は廃校となっていた旧相馬女子高の教室を南相馬市民のための避難所として新たに開設し、相馬市民と同様に食料などの提供をせざるを得ないと考え県に許可を求めました。

さて、24時間経過後は、対策本部も前を向いて肝がすわってきたように思われます。問題や課題を全体の議題として協議し、すべての本部員が、各担当部門で起こっていることを承知して、対策方法を共有し合うという方法が定着していきました。

意見が割れたり、情報不足で判断困難なことがあると、それはすべて本部長の決定となります。結論を出さないと進まないのが災害対策ですので、全体が迷っても最後は本部長が責任を持って決心するという局面を何度か体験することになりました。

（2） 3月12日から3月14日までの相馬市公式記録（原文のまま）

●平成23年3月12日（土） 9時 第5回 災害対策本部会議【本部長指示と協議】

▽ご遺体が相当ある。次のテーマとして、行方不明者の捜索とご遺体の収容だ。海上にご遺体が浮かんでいる。船に引き揚げてもらうが、接岸できない状況だ。

▽棺桶は、現在の150個では足らないので、早急に作らせるように。中通りの葬儀屋に連絡して、ドライアイスを確保するように。

▽各避難所で何が必要か調査中。市民からタオル、歯ブラシ、防寒着などを集めている。市民会館で水を配っている。

▽学校は、しばらく休校にせざるを得ない。

▽雇用促進住宅について、来週からでも住めるように準備しなさい。

▽見舞金を、1人当たり3万円。早急に配らなくてはならない。

市独自の支援金（一人3万円）
市役所窓口で支給の様子

●平成23年3月12日（土）15時30分　第6回　災害対策本部会議【本部長指示と協議】

▽燃料が、あと3日で尽きる。仙台港から揚がらないため、燃料が手に入らないことも考えないといけない。

▽民間アパートを早く借り上げること。雇用促進住宅も準備を急ぐように。

●平成23年3月13日（日）8時30分　第7回　災害対策本部会議【本部長指示と協議】

▽行方不明者捜索は、がれきの撤去と同時に行っている。避難ルートを作りながらがれきの撤去。ご遺体が出てきたら、警察にチェックしてもらう。ご遺体の搬送は、原則警察の3台のワゴン車で敬意を払いながらするように。遺体安置所現場で対面式の確定をするしかない。

津波被害の尾浜地区
（平成23年3月13日撮影）

▽身元確定のご遺体と住基台帳の突き合わせが必要。生存者も同じ。その間の人（どちらにも該当しない人）が行方不明者。この3つの色分けが終わらないと、行政の仕事は進まない。

▽津波に飲み込まれた地域の確定。そこの人口はどれだけか。原釜、北原釜、松川、尾浜、磯部、岩子、新田、柏崎。住宅地図と住基台帳の突き合わせ作業を急ぐこと。捜索対象地域と、捜索対象者名簿を作って避難民を突き合わせして。避難民の名簿をきちんと書かせて管理すること。

▽仮設住宅1、000戸をできるだけ早く作れるように。

●平成23年3月13日(日)15時30分　第8回　災害対策本部会議【本部長指示と協議】

▽民間アパートの借上げには、２９、０００円を補助する。

▽原発避難民が、相馬市に来ている。特に小高区の人。昨夜、数十人来て、今日はもっと来ている。旧相馬女子高に入ってもらう。トイレはあるし、今でも150名は受け入れられる。

相馬市民以外は、全て女子高に入ってもらうように。

丸森町が500名受け入れてくれると言っている。

▽他市町村で応援してくれるというところに頼むものは、非常食、おかずになる缶詰、毛布、バスタオル、布団、米、粉ミルク、おむつ(大人、子ども)、トイレットペーパーなど。

医系市長会、社会資本整備を考える首長の会、報徳サミットの市町村に応援を要請するように。

▽支援を貰った自治体を市役所の入口に張り出して。「ありがとう　○○町　○○　(米など)」という感じで。

道路啓開

●平成23年3月14日（月）8時　第9回　／　18時　第10回　災害対策本部会議【本部長指示と協議】

▽短期的対応、中期的対応、長期的対応を分けて考えている。

▽今、約4、000人が避難所にいる。人口密度が高い。精神的、プライバシー、衣食住の問題を考えていかないといけない。住居は、今後、仮設住宅やアパートをできるだけ急いで用意する。

▽棺桶。市で100個、警察で50個。残りを県に頼んだ。とりあえず、市として550個確保できた見込み。

▽水道企業団は、給水をどうするかを考えて。

▽避難者の生活支援として、「雇用促進住宅」と「アルプス電気独身寮」への移住を進めること。

▽生活支援金条例の制定については、支援金1人3万円、弔慰金10万円として議会に提案する。

▽市民への情報伝達として、お知らせ版（号外）を週2回発行、配布すること。

広報そうま　平成23年3月14日

号外

東日本大地震への緊急対応

3月11日に発生した東日本大地震による津波のために市内原釜、尾浜、岩子、磯部大浜以北、程田、新田などは甚大な被害を受けています。

市や消防、警察、自衛隊などは孤立者など人命救出優先で活動した結果3月13日時点での孤立者はなくなりました。3月14日からは、行方不明者の捜索を重点に活動します。

以下取り急ぎお知らせします。電話、インターネットなどつながりにくくなっていますが冷静に行動しましょう。

●現在給水車は

角田公園（北飯渕）、市役所北側分庁舎前、カネボウ跡地（北町）、中島ストア前（新沼）にあります。

●避難者名簿の掲示

各避難所に避難している方の名前と住所を市役所1階に掲示しています。

●「避難者カード」の作成を呼びかけています。

各避難所ではなく、親戚の家などに避難された方が、連絡の取れない人に自分の居場所を示すため、市役所一階で避難者カードの作成を受け付けています。

●保存のきく食糧

米、缶詰など保存のきく食糧やタオルご提供ください。ご提供できる場合は電話が通じませんので、市民会館まで直接お持ちください。

●遺体安置所は

旧相馬女子校体育館です。

●その他

自活できる方はできるだけ避難所へ行くよりも自活をしてください。

お近くの避難所に避難する場合は可能な限り毛布など身の回りの必要なものを持参してください。

裏面には市内通行止め道路、給水車位置図を示しています。

広報そうま「号外」

原発事故は次々と近隣自治体の住民を避難させましたが、南相馬市からの大量の避難者を、13日から旧相馬女子高等学校でお預かりする事態になりました。避難指示区域となった南相馬市小高区の住民と、自己判断で相馬市に避難してきた南相馬市民のお世話を、南相馬市長に依頼しましたが、「市職員も避難して統制がとれない。すまないが相馬市の職員で対応して欲しい」。

震災対応で昼夜の別なく働いているところに、南相馬市民のための避難所運営となると、市職員たちの体力に相当な負荷をかけることになりますが、南相馬市は率先して市民に避難を呼びかけていましたので、相馬市職員でお世話をせざるを得ませんでした。

しかしその後、私がマンパワーの応援を依頼した県自治労書記長今野泰氏のご尽力により、保健師をはじめ事務系スタッフを派遣してもらえることになりました。また、自治労を通じて連合県本部にも支援をお願いしたところ、全国からボランティアとして集まってくれました。その支援により、市職員たちは本来の震災対応の仕事に戻ることができます。これには本当に助かった思いでした。その後、都内で行われた全国自治労本部での報告講演の際には、大きく頭を下げて謝意を表しました。

（3）恐怖の体験

3月14日の夜、私の人生で最大の危機を体験をしました。

福島第一原発の3号機の水素爆発のニュースを、私なりに冷静に聞いていたつもりでした。私の知識では、核燃料のウラン235の濃度では原子爆弾のような核爆発は起こりえないと考えていたからです。

ところが、その夜の21時に百数十人の自衛隊の方々が、迷彩服の上に防護マントを着て、さらに全員がガスマスクという物々しい姿で、市役所の中にバラバラと入ってきたのです。

市役所の庁議室は自衛隊の連絡所にもなっていたので、常に5〜6人は待機していましたから、はじめはそれほど驚きませんでした。しかし、あまりの数に私も不審に思い、総務課長席に出向いて、この集団の行動目的を聞いて整理するように指示しました。その時です。この部隊のリーダーの人がツカツカと私に歩み寄り「今すぐ、相馬市民を避難させてください、我々はそのエスコートします」。

見渡せば市役所の3階フロアの全職員の目が私を凝視していました。

「何が起きたのですか?あなた方は何を根拠に私にその指示をするのか?国からも県からも、そのような話はない」

「上からの指示です」。

気が付けば、日中にはあれだけ居たマスコミの姿はなく、国土交通省からのリエゾンの職員も誰もいなくなっており、国土交通省道路局から出向中だった小山健一建設部長がひとりポツンとしていました。

相馬の線量が急に上昇したわけでもないことは、すぐに確認できましたし、テレビなどの報道を見る限り、福島第一原発で3号機原子炉建屋の水素爆発以外の急な展開があったようには思えません。総務部長に「すぐに県に連絡を取って、緊急事態かどうか確認するように」と指示しました。

私は、総務課を離れて、市長室から民主党政権の重鎮だった仙谷由人氏の携帯へ連絡を取りました。政府の考えを確認できると思ったのですが、仙谷氏からは「私の周囲ではそのような指示を出してはいない、ほかのところからの情報までは把握できない」。

総務部長の報告は「県としては特別な状況変化は把握していない」。

自衛隊の避難させろという指示に対する県としての考えは「市長がご自身で判断してください」。

国と県からは明確な答えは得られませんでした。ただ不安な事は、国からの支援職員がすべて居なくなっていたことでした。しかし、目の前の自衛隊員の集団に対し、私は答えを出さなくてはなりません。

私が、夜の9時に市民に「逃げてください」と避難指示を出せば、相当な混乱と不測の事態が予想されました。

私の頭の中では「避難の時は計画的行動が必要なのに、目的地も決めずに避難指示は出せない。だいたいにおいて、空間線量が上がっている訳でもない。福島第一原発は水素爆発だ、うろたえることはない。自衛隊と言えども、この人たちの指示に従うわけにはいかない。私は市長であり対策本部長なのだ。私自身が決める答えは、『ノー』だ」。

理性ではそのように思うのですが、百数十人の自衛隊のただならぬ風体と毅然とした口調は、「ひょっとしたら相当ヤバイ事になっているのではないか」と私に思わせるのに十分な迫力がありました。私の頭の中は、①自衛隊の指示に従えば大変なことになるから『ノー』という考えが6割、②ひょっとしたら私の知り得ない重大な事態で、ここは自衛隊の指示に従うべきではないかが4割。

この6対4の間で、私の気持ちが揺れていました。それまでの人生で、あんなに苦しい思いをしたことはありません。

しかし、私自身にも思いも寄らぬ経験でしたが、この6対4の考えが、口から出るときは、10対0になります。

立谷「今、避難指示を出せば相当な混乱を来す。よって避難指示は出せない、あなた方は直ちに市役所から退避してください」

自衛隊「上からの命令です」

立谷「私に命令できるのは、日本政府だけです、相馬のことは市長の私が決定します」

自衛隊「退避と言われても、我々はどこに行けばよろしいか」

立谷「新たな事態の発生が確認された時には協力を頼みます。今のところは、市役所前の市民会館で待機してください、ただし、一度全員を庁議室に集めて、整列して行進の上、退避してください。総務課長、市民会館まで先頭になってご案内しなさい」

彼らは、私たちが見守る中、二列縦隊の行進をしながら整然と市民会館に向かっていきました。私は、あの光景を一生忘れることはないだろうと思います。

3階の職員たちは全員が私から目を離さず一部始終を見入っていましたが、自衛隊が出て行った後は、何事も無かったかのように平然と仕事をしていました。

彼らにとって、市長の存在がそれほど重いのなら、私も信念を持って決心しなければならないのだと、思い知らされました。そのことを職員たちは、無言で私に教えてくれました。

翌日、自衛隊から「すぐに逃げろ」は誤報だったと報告を受けましたが、私はすでにその後の仙谷氏との交信で、政府としての方針ではないと分かっていましたし、災害対策を一緒にやっている自衛隊を責めても何にもならないと思い、私は聞き流すことにしました。

翌15日の朝の会議で避難騒ぎの話をしましたが、結果的には、避難は国の指示に従うという方針を再確認することになりました。

（4）3月15日から3月19日までの相馬市公式記録（原文のまま）

●平成23年3月15日（火）8時　第11回　／　18時　第12回　災害対策本部会議【本部長指示と協議】

▽原発事故をどう扱うか？昨夜、自衛隊からは逃げろという話が来たが、市は国の命令に従うと言って拒否した。南相馬市、いわき市とも意思を統一した。避難となった場合は、避難のためのプランを国に支援してもらう。県は明確な判断を避けている。避難指示がなければ、粛々と今までの計画のとおりやる。

▽放射能を考えて、カッパ、マスク、軍手などを着用。カッパは使い捨て。顔を洗うように。

▽ライフラインの復旧状況について、電気、電話も地図表示をして避難所に掲示するように。

▽南相馬市長から、500人受け入れのお願いがあったので了解した。丸森町でも受け入れてもらうように私から頼んだ。

▽ボランティアは、こちらが受皿作れば、医者や看護師も来てくれる。

▽ボランティアの活用として、避難所の手伝いもしてもらうように。

県内外からの駆け付けたボランティア

●平成23年3月16日（水）　8時　第13回　／　18時　第14回　災害対策本部会議【本部長指示と協議】

▽原発で核爆発することはまずない。だから、いきなり爆発的に放射能が増えることはない。運転手は相双に来たくないと言っている。運転手を手配して取りに行け。

▽捜索は、消防団も分団長や副分団長も出て。指揮に加えるように。土地勘が必要だ。

▽相馬だけでなく、南相馬とか、相馬広域で考えないと。人工透析がピンチ。南相馬がもたない。重傷者もそろそろ限界。南相馬に薬を持って来たがらないのが最大の原因。

支援物資を取りに行ったトラック

●**平成23年3月17日（木）8時 第15回 ／ 18時 第16回 災害対策本部会議【本部長指示と協議】**

▽森の都、ベテランズサークル、ふきのとう園、医療関係者、介護業者等の職員用にガソリンをすぐ配って。介護業者は訪問看護が出来ない。
▽被災者の健康管理は、これから精神的管理が大変になる。
▽放射能濃度は、オープンにするように。
▽今日、新地町長、飯舘村長と三人で市町村会をやった。原発に関しては、国の判断に従って粛々と行動すると。そのときは、国の支援を受けて動くという話をした。

▽相馬が崩壊すると、仙台も崩壊する。東京が崩壊する。日本が崩壊する。踏ん張らないといけない。
▽2、000食のアルファ米を新地にカンパした。飯舘村には水4万リットル。
▽上水が、宇多川水系だけになった場合の地域と必要水量を計算しておくように。原発で核爆発することはまずない。だから、いきなり爆発的に放射能が増えることはない。運転手は相双に来たくないと言っている。運転手を手配して取りに行け。

市民会館に保管されるペットボトル水

●平成23年3月18日（金）8時　第18回　／　18時　第19回　災害対策本部会議【本部長指示と協議】

▽給水は、増やしているが、毎日の地震で漏水が増えて進まない。

▽棺桶は、経済産業省などから5、000個届く。南相馬分も含む。

▽一般市民の物資が不足している。米（街中の人）、缶詰、灯油、ガスなど。県に、缶詰、米を要請。

▽原発を注視しながら、避難所からの脱却、その先の生活も系統的に考えないといけない。

▽4月6日に始業式は難しいが、どこかで教育を始めるには、避難所を狭くしていくことを考えないと。避難所の閉鎖計画と、学校の再開計画を同時に考えないといけない。

▽支援物資がかなり集まってきたが、保管場所が問題になっている。

ガソリン給油を待つ列

●平成23年3月19日（日）8時　第20回　／　18時　第21回　災害対策本部会議【本部長指示と協議】

▽南相馬市の患者の撤退が大体決まった。最前線は相馬市だ。この地域を守っていく。

▽物流が大分動くようになってきた。原子力発電所如何によって、我々もろう城となる。備蓄を。

▽もし、避難勧告が出たら、そのときは腹をくくる。そういうことは無いと思う。相馬市が避難指示になる可能性は低いのではないか。それまで災害の処理を粛々と冷静にやっていくこと。

▽火葬は、費用にこだわることない。米沢市にも頼んで。

3月18日　尾浜地区

3月18日　原釜地区

▽医師会の中では、南相馬まで行かないといけないのか、という話が出た。向こうも困っているから協力をお願いし、了解をもらった。

▽灯油が明日から一般売り。時間などは未定、場所はニラクの駐車場。病院や災害弱者がいるところを優先に。

▽災害弱者のサポートを考えないと。老人施設、ふきのとう園、病院なども含めて。行政単位で考える。地域の寝たきりをどうするか？その人たちをリストアップし、食材を届ける。消防団の力を借りるかも。面倒見ないといけない人をどうするか？

▽市役所の士気が下がったら終わり。飯舘村も避難を始めているらしい。指揮命令系統と、職員の士気が大事だ。

（5）市民への説得と食料物資不足

原発事故に対する基本的な対応としては、『政府の決定・指示に従う』とすでに決めていましたが、実際に避難となった場合の準備をしておく必要がありました。何よりも最優先で考えなければならないのは、病院の重症患者と、介護施設の要介護4と5の老人、それと地域の寝たきり老人の方々です。寝たきり老人は市内に46人。この方々の避難準備のために同数の担架を用意し、それぞれの枕元、または消防団の屯所に配置し、担架を担ぐ団員を割り当てました。

最悪の場合に備えて、施設や地域の消防団との協議を始めながら、不安が募る市民への説明が必要でした。特にこの震災で命からがら着の身着のままで逃げてきた被災者には大きな不安だったと思います。

3月19日に議長と消防団長を伴い、3カ所の避難所で「今は逃げるべき状態ではない。逃げるリスクの方が大きい。線量が上がって、避難が必要な時は私が市民全員を安全な場所に連れて行く」という市の方針を説明してまわりまし

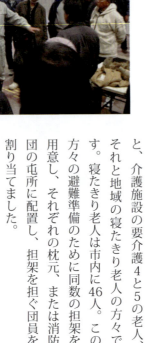

た。行ってみると、避難所の人たちも今後を案じて真剣でした。説明する私も必死でした。その時の写真が残っていますが、よく撮ってくれたと思います。

原発事故報道で物流がストップする中で、今度は物資が入って来ない不自由との闘いになりました。毎晩のように携帯で連絡を取り合っていた新浪剛史ローソン社長には、とにかく物資を早く入れて店を再開するよう急かすのですが、再開にはさらに1週間を要しました。

3月26日、ローソン粟津店の再開とともに相馬にやってきた新浪氏のエピソードがあります。

新浪「立谷市長、あんたには迷惑をかけた。こうやって俺が先頭に立って再開させたが、今までの迷惑の罪ほろぼしと言ってはなんだが、避難所の方々4、500人にローソンの幕の内弁当をカンパさせてほしい」

立谷「気持ちはありがたいが辞退します。耐える生活の中で、1回だけ良い思いをするより、ローソンの幕の内弁当を継続的に店に出してください、その方が有りがたいのです。私が本当に困ったときには、そういう頼みもするから今回は引っ込めておいて欲しい」

新浪「市長がそう言うなら分かった、必要なときはいつでも言ってくれ」

その3週間後のことです。学校再開が4月18日の月曜日。最初の2日は午前中だけでしたが、4月20日からは給食を出さなくてはなりませんでした。

しかし、給食再開の手際が悪く、「来週にならないと給食が出せないから、今週の3日間は幕の内弁当をとっても良いか？」と安良紀男教育長が訪ねて来ました。私としては、「仕方がない」と了解しましたが、ふと新浪社長との約束を思い出して、教育長の目の前でお願いの電話を入れたところ、「ああいいとも。子どものためだろう。3日間？まかせてくれ、3、500人分3日間、ちゃんと届けるから」。

第21回　災害対策本部（資料）　　平成23年3月21日（月）　8時～

	区分	項目		細目	内容
1	短期的対応	① 行方不明者の捜索	→	ア 捜索体制の構築	捜索（原釜、日下石、磯部）、グラップル付バックホー稼働、自衛隊ボート捜索、レンタル重機10台の支援要請
		② 被災地整理	→	ア ガレキの撤去	道路状況
		③ 生存者・死亡者の確認と火葬	→	ア 連絡不通者確認情報	住民基本台帳との突合、部落の情報集約、詳細情報の集約・開示
				イ 遺体・火葬	遺体数、他自治体の火葬場利用（伊達市4～8体、二本松市3体）、福島市へ要請、遺体運搬、棺おけ、ドライアイス
		④ 児童生徒の動向	→	ア 連絡不通者・死亡者	連絡不通者：磯幼 1、磯小 7、中二中 1、磯中 4　計13人 死亡：磯小4、磯中 2　計6人
2	中期的対応	① 被災者・避難者の生活支援	→	ア 健康管理	医師・看護師ボランティアの受け入れ、精神的ケア、避難住民によるボランティア、医師による巡回実施
				イ 食料供給	災害弱者のサポート（食材配布等）
				ウ 入浴その他避難所生活支援	避難所統合（3/20　中一中→アリーナ、養護学校→はまなす館、3/21山上公→憩の家） 3/22「はまなすの湯」修補、自衛隊「入浴施設」要請
		② 市民生活支援	→	ア ライフライン（水道、電気、ガス）	給水区域80%復旧、本日の復旧作業（漏水対策）、電力の復旧
				イ ガソリン・燃料等	市民向けのガソリン支給（3/16～3/21）、灯油支給（3/20～24）
				ウ 食料・日用品の調達状況	調達方法の検討、物資の備蓄状況 配給システムの構築、食糧等不足の市民への配給検討
				エ 医療体制	開業医 7 、調剤薬局 5
				オ 医療・介護施設の支援	老健施設へのボランティア派遣
				カ 支援グループの受け入れ	あくまで本部長の指揮、ボランティアセンター支援センター（3/21・商工会議所2階）
		③ ろう城体制の構築	→	ア 地域行政組織の現行体制の確認	区長・班長による地域住民の連携強化
				イ 倉庫の確保・運営	ストックシステムの構築、物資の効率的な保管
				ウ 市独自の輸送体制	運送車両の確保→トラック8台（普通2、軽6）、相馬物流（運転手付きで協力）
				エ 相馬港の利活用体制	相馬港2-4バース供用開始（3/19）
				オ 物資（食料・ガソリン・生活用品）の確保	ガソリン等の備蓄状況、調達方法の検討、
		④ 避難者自立支援	→	ア 市調達集合住宅	雇用促進住宅52室確保、（申込3/17～19：37件、3/20：2件、　計39件）
				イ 民間アパート入居あっせん	民間148室、アルプス40室（申込3/17～19：302件、3/20：31件、計333件）
				ウ 仮設住宅への移住	仮設　申込3/17～19：368件、3/20：37件、計405件
				エ 生活支援金	3/16～19：2,071件、3/20：245件　計2,316件　金69,480千円
				オ 日常生活用品支援	ふとん、毛布、タオル類、家電の備蓄
		⑤ 義援金など	→	ア 義援金	ダウケミカル200万ドル、静岡県裾野市1,800万円、山形県小国町110万円
				イ 物資支援	支援者一覧表
		⑥ 医療・介護機関の実情	→		身障施設ふきのとう苑（41名の入所者を昨日から県内施設へ移す）
		⑦ 原発事故への対応	→	ア 情報開示	飲料水モニタリング（3/17～19真野ダム）ヨウ素（摂取制限値以下）セシウム（ゼロ）
				イ 国の指示に従い行動する方針の徹底	市民に方針の周知（広報相馬お知らせ版　17日発行）
3	長期的対応	① 被災地及び市内復興	→	ア 市内生活道路の補修	大手建設会社への協力要請、市内建設業による復旧工事（エリアごとに砂利敷き）
				イ 農地等調査	冠水した水田1,100ha（全水田の約50%）
				ウ 市内企業の現状	操業再開の目途
4	近隣自治体との支援協力		→	ア 旧相馬女子高での受け入れ	収容数（489人）、ボランティア協力（8人）、市民へのスクリーニング
				イ 近隣自治体へ支給	旧相馬女子高での原発難民への支給 3/17　新地：アルファー米2,000食、飯舘：水2万ℓ（4万本） 3/19 南相馬市：アルファ米500食、米600kg、カップめん100箱、水100箱など
				ウ ソフト面での支援	南相馬市への物資輸送のための倉庫の貸出
5	友好自治体及び国・県への支援要請		→	ア 食料・生活物資	ふとん、タオル類、缶詰、アルファー米、米等の確保、
				イ 国・県に対する要望事項	物流業者への要請強化

震災 10 日後の対応指示シート

届けてくれた弁当が、また気配りの効いた弁当でした。小学校低学年と高学年、中学生とメニューが３段階あって、それぞれにデザートまでついたものでした。何より彼の相馬への友情をとてもうれしく感じました。

このころになると、災害対策本部会議が震災深夜から採用している相馬市式対策会議エクセルフォーマットも情報量が増えて、精微になってきます。対策本部としては、さらに項目を細分化して、目的と方法論と結果をあくまでも１枚のシートに落とし込み、関係者全体に配布するようにしました。震災の２年前からＩＳＯ９００１を取得していた相馬市としては、ＰＤＣＡサイクルを１日２回、朝と夕の会議で回転させていきました。

夕方の会議での課題に対する対応策を夜間の内に組み立てて、翌朝の会議で全体に向けて発表します。１日、その方針で活動した結果を夕方の会議で報告、というようにＰＤＣＡを毎日繰り返すのです。

その会議資料となる１枚にまとめたシートはだんだんと文字が小さく情報量も増えていきましたが、この方法は６年経った今でも続いています。

震災10日目の3月20日あたりは、物資不足のピークでした。米をはじめ食料品が出回らなくなり、市民には支援物資でいただいた米や水を配給する必要が出てきました。また、原発事故がさらに悪化して水道水が汚染（水源地が飯舘村にあるため、可能性として怖れていた）した場合は、速やかに飲料水のペットボトルを全家庭に配布しなければなりません。友好自治体や友人の市長たちには、「とにかく水をください」と頼みました。

しかし、食料配給などの経験がないので、全市民対象にスムーズに配れるかどうかが心配でした。そのため、訓練も兼ねて今のうちに水や米を全戸に配給してみようと考えました。

米の配給
（平成23年3月24日）

（6）3月21日から3月25日までの相馬市公式記録（原文のまま）

●平成23年3月21日（月）8時　第24回　／　18時　第25回　災害対策本部会議【本部長指示と協議】

▽ろう城体制を作っていこうと思っている。配給体制をとるということだ。これまで、物資の管理が甘かったが、ちゃんとやれば米などは、たくさんある。市民生活で米がなくなってきている。米などの食料を中心に、水などの物資を配ろうと思っている。

▽飯舘村で放射能の数値が上がった。相馬市も水道水を飲むことに抵抗がある市民がいるだろう。ペットボトルを配っておく必要があるかも。しかし、配給体制ができないと配れない。これからずっと続くようになる。農水省の副大臣に米、缶詰、水を頼んだ。在庫管理をしっかり。

▽配給システムのために、区長会を早急に開くように。

▽ローソン東北の責任者から電話があり、相馬粟津店を開く。

▽ろう城体制＝配給体制だ。米500俵をどうやって分けるか？

▽水は、1家庭に2リットルを1本、500ミリリットルを数本。明日以降、できるだけ早くやるように。明日、区長の意見を聞いて。うまくやることはできないが、やることが大事。市民に我々の方針を明確に伝える。

▽衣類も配って。タオル、シャンプー、石鹸、歯ブラシなど。

▽アパートも早く住まわせること。実行に移すことが大事。

▽南相馬市は水が来ない。修理業者も来ない。災害弱者が残っている。相馬市の給水車を南相馬市に貸す。

●平成23年3月22日（火） 8時 第26回 ／ 18時 第27回 災害対策本部会議【本部長指示と協議】

▽相馬市内の物流について、我々が集めたものをどうやって分配するか。行政名簿を再構築する必要がある。一般的に行政は、トラブルがないことを確認してから流そうとするが、問題を見つけるために流す。混乱が起きたら、市長が悪いと言っていいから。やるだけやってくれ。

▽ストックの整理を。いわき市も物資がパンクしているらしい。県にも物資はかなりあるらしい。どうやって市民に配るか？

▽人工透析が問題になっている。薬液が調達できるかどうか。南相馬市からヘルプが来て、調達できる体制に。南相馬市の人工透析患者が各地に散っている。全国から人工透析の医者を募集して、28日から来る。

▽アパートなどに入居する人へ、引越しセットを渡すように。タオルケット、布団などのセットを作って渡して。布団は市で用意していると入居者に言うように。

▽ろう城を考えて、配給体制を考えないといけない。倉庫を見てきたが、粉ミルクなども早く渡さないといけない。

▽市民とのコミュニケーションは、区長会を通じて取っていきたい。

▽携帯への防災メールで送っている内容は、ホームページに載せるようにしなさい。

全国から寄せられた支援物資など

●平成23年3月23日（水）8時　第28回　／　18時　第29回　災害対策本部会議【本部長指示と協議】

▽生活支援金は、約5、000人を想定しており、現在2、683人に配布した。死亡者約200人、行方不明者約500人を引くと、残りの約1、700人は、支援金をもらえることを知らないか、遠方に避難している人ではないかと思われる。

▽今日から、米の配給や民間アパートへの入居が始まる。

▽学校の新学期がいつから始められるかは、避難所から仮設住宅にどれだけ早く移れるかと関係する。

▽支援物資は、倉庫に貯めることが仕事ではない。市民にどんどん渡すようにしなさい。配り方の詳細は、区長さんの判断でよい。

買い物をするために待つ市民の列

▽買い物情報などは、ホームページに掲載するように。

▽自衛隊のヘリが使える。現場視察などに使ってもらって構わない。

▽精神病疾患の患者の薬が切れかかっており、全国ネットで、精神病医師を探している。医療体制を崩さないようにしなければならない。

▽仮設住宅建設のスピードが重要だ。遅れれば遅れるほど、避難者が苦労する。避難所にいる状態では、お風呂を手配するのも大変だ。いかに仮設住宅の建設が大事かがわかる。

●平成23年３月24日（木） ８時 第30回 ／ 18時 第31回 災害対策本部会議【本部長指示と協議】

▽食料は、これからもっとたくさん配給していくように。
▽相馬市の医療体制は、平常に戻りつつある。ただ、南相馬市の精神病院がなくなったことは深刻だ。
▽ボランティアの医者はたくさんいた方がいい。これらの方々が、野営しなくて済むように対策を取るように。これらの方々が、避難所運営の大きな戦力になる。
▽どこまで教育を犠牲にするかは、非常に悩ましい問題だ。避難者が少なくなれば、はまなす館とアリーナに移動してもらうこともできると思うが、現状では無理。南相馬市からは、もっと相馬市に入ってくるだろう。仮設住宅をとにかく早くやるように！
▽福島医大から、人を送るとの話があったので、南相馬市に入れてほしいとお願いした。南相馬市に精神科の医者が入るようにしたい。東京医大から、ドクターの長期派遣の話があった。
▽避難所毎に自治組織ができている。例えば、教室ごとにリーダーがいて、それを校長がまとめている。非常に明るい雰囲気だ。
▽市内の開業医や調剤薬局は、ほぼ復活した。市外から応援に来ていた医者は、保健センターで一括管理するように。
市外から応援に来た先生に避難所の対応をお願いする。
▽支援物資でもらった水は、市民に配って各家庭に備蓄してもらうように。

自衛隊ヘリに乗り込む筆者

●平成23年3月25日（金）8時　第32回　／　18時　第33回　災害対策本部会議【本部長指示と協議】

▽原発などで避難していて戻ってきた人には、温かい言葉をかけてあげることが大切だ。

▽生活物資や米を配ることで、住民自治組織を確認したいと思っている。アパートにいて、行政区に入っていない人にも、できるだけ広く米配給などを周知して欲しい。

▽ラジオ体操しよう！一日2回、健康と精神のため、市を挙げてやろう。

▽石油などは、相馬市として最低どれくらいあったらいいか、今後の供給見通しを立てるように。燃料の状態は、良くなってきた。

▽民間アパートに入居した世帯数を、本部会議で報告するように。直接不動産に行ってアパートを見つけた人にも、仮設住宅ができたら仮設住宅に入ることを前提に家賃を助成するように。南相馬市の人も来たら、仮設住宅は1、000戸では足りないだろう。

▽懸案だった精神科が、福島医大から精神科の医者が派遣されることになった。また、東京医大の学長への依頼で医者が2名来る。開業医は順調だが、公立病院は、地震で手術室が使えない。

▽流山市長から、職員を手伝いにやりたいという話があるので、副市長中心に協議するように。

避難所で行われるラジオ体操

（7）医療

震災当初は、相馬郡医師会相馬支部の全面的な協力と、市内2カ所の病院がよくバックアップしたため、医療崩壊でパニックになることはありませんでした。しかし、南相馬市からの避難者が不安定なことと、相馬の避難所も日が経つにつれて不調を訴える人が出てきたため、医療スタッフ不足が新たな問題となってきました。

また、避難所での避難生活は長期にわたるので、医療の体制も1日や2日だけのボランティア医師に頼ることはできません。

医師

私は、日本医師会副会長の羽生田俊氏（当時・現参議院議員）を通して日本医師会に、また以前から相馬中央病院理事長として所属している全日本病院協会に医師の長期的派遣をお願いしました。また、個人的に知り合いだった東京医大の臼井正彦学長にも相馬の惨状を訴え、医療チームの継続的な派遣を頼みました。

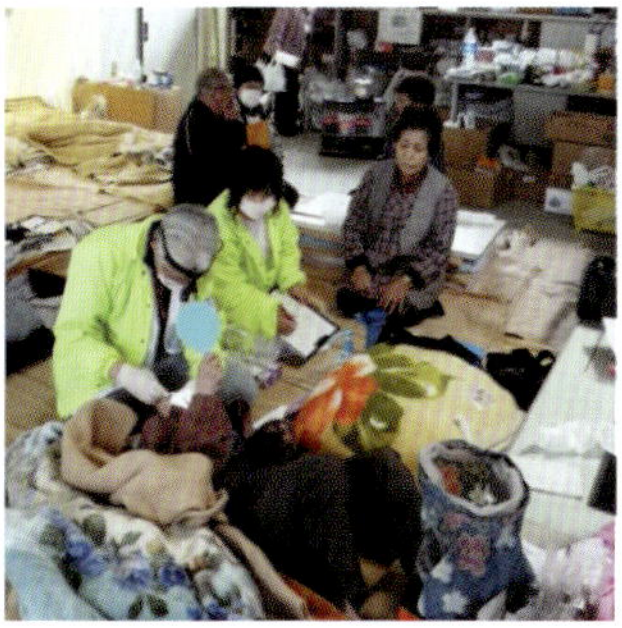
歯科診療

日本医師会はＪＭＡＴを皮切りに、石川県チームと静岡県チームの派遣を決めてくれました。東京医大と全日本病院協会も医師を中心としたチームを派遣し、リレーする形で、現場をつないでくれました。特に東京医大臼井学長からの支援チームは、この局面での大学のエース大滝純司総合診療科教授をリーダーとする第一級部隊でした。医療チームは、相馬市保健センターを拠点に、毎朝8時に相馬郡医師会相馬支部も加わった医療救護連絡会議を開いて、被災者の健康管理にあたってくれました。

例えば、数百人の避難所にインフルエンザが発生したことがありました。被災者が体力、特に免疫力を低下させている状態では、感染症の大量発生が懸念されました。実際に、患者は瞬く間に増えていきます。医師たちは、この連絡会議からの要望として、私に新たな避難所を開設するよう求めてきました。

そこで、インフルエンザ隔離避難所を日立木公民館に開設しました。その医療隔離避難所で陰性となったことを確認して、元の地域の人たちが待つ避難所に帰すというシステムが確立したわけです。

医療救護班連絡会議

今から思えば、当たり前のようなことですが、症状の分析→インフルエンザ検査体制→日立木公民館での療養体制→元の避難所で暮らせるかどうかの最終チェックと、これだけの段取りがスムーズにできたのは前述の大滝教授の助言などを含め、保健センターに集まったにわか仕立てのチームのそれぞれのリーダー、元相馬市医師会の会長柏村勝利医師、石川県医師会長の小森貴医師、静岡県医師会長の鈴木勝彦医師の指導力が抜群だったことに尽きます。

次に深刻な問題はガソリン不足でした。私たちは、ありとあらゆる伝手を頼り日本中のガソリンを集めましたが、救急車などの行政需要は一般販売より優先しますので、行政用のガソリンスタンドを特設し、一般売りとは別にしてガソリン券で対応しました。この方式で、一時、ガソリンが枯渇した南相馬市の救急車などへも供給したこともあります。医療関係者のガソリンは、行政用ガソリンと配給と同様に配給しました。救急車の燃料と看護師たちの通勤手段は、この際同等なのです。訪問看護のガソリンも同様に考えました。

3月22日。もうひとつの大きな課題だった薬問屋の避難による薬剤不足に対して、東京に本社のある卸売問屋に催促の電話をしました。専務さんが出られたので、

「本当に困っている時だからこそあなたがたは働くべきだ。従業員が相馬を嫌だと言うなら社長が持ってきてくれ」

「市長、わかった。必ず相馬で再開するから時間をくれ」

「3日後には、人工透析の薬液が無くなる。早くしてくれ」

そんなやり取りを聞いていた相馬家若君の相馬行胤氏が、「市長、それなら私が東京まで取りに行きますよ。薬のリストアップをしてください。それと高速道路の通行許可を出してください」。

すぐに相馬市と南相馬市の全病院と連絡を取って必要薬品の一覧表を作り、相馬行胤氏とその仲間たちに託しました。

翌日、彼は必要な薬をトラックに満載して戻って来てくれました。若君の機転で急な危機を脱することができましたが、やがて株式会社恒和薬品と東邦薬品株式会社の2社の薬問屋が相馬での仮営業所をオープンさせることになります。

ガソリン不足も深刻でした。やっとの思いで確保したガソリンもタンクローリーの運転手が相馬には行きたくないと、新潟で止まってしまい万事休すかと思われました。そんな時、大野地区の消防団の荒雄一副分団長（当時・現分団長）が、私が取りに行きますと言って、タンクローリーを運転して新潟までガソリンを取りに行ったのです。私が世間の冷たさに、悲嘆に暮れている時、彼らの熱い気持ちがどれほどうれしかったか、改めて市民に伝えたいと思います。

(8) ボランティアの活躍

3月21日、ボランティアセンターが相馬商工会議所2階に開設されました。有りがたいことに、全国から多くのボランティアが集まってくれました。私の知人たちも多くいましたが、彼らは私を煩わせてはいけないと、黙ってボランティアセンターに登録して作業に従事してくれました。

ボランティアの本当の有りがたさは、系統的に活動してもらった時にはじめて発揮されます。津波被害に対するボランティアの活動は、チームを編成しないと効果が出ないばかりか、系統的にやらないと被災者の間に不公平感が生じます。

本部としては、まずは登録をしていただいて、保険に加入し医療の応急体制(作業中のけがによる破傷風などの心配もありました)を確認し、ボランティア活動に最適な仕事とマッチングして、チームで現地に向かってもらう、という方法を取りました。

ボランティアセンター開設

住宅内の泥出し

医療のみならず、家の中のがれき撤去と泥出し、自宅周辺のヘドロ撤去や周辺の片づけ、自治労から来た保健師の方には避難所の健康管理など、多くの善意によって大きな力をいただきました。

毎年、ボランティアの方が登録された住所に感謝を込めて、中間報告を郵送してきました。卒業され他所に引越した学生さんなどへの郵送分は返送されてきますが、およそ6割の方々には受け取っていただいています。

（9）麻生太郎氏と三原じゅん子氏の激励

筆者から説明を受ける
三原じゅん子氏

避難者を激励する麻生太郎氏

原発騒ぎで相馬市も被ばくや放射能による汚染が相当ひどいという印象になっていました。特に、都内の知人たちは、いくら説明しても危険区域としか考えてくれませんでしたが、それが物流停滞の最大の原因でした。

そこで私は、親しくさせていただいている元首相の麻生太郎氏（麻生氏の妹君は33代相馬家御当主の奥様）と、もうひと方、女優で国会議員の三原じゅん子氏（以前より相馬市と親交があり、２０１０年の相馬野馬追に来相）に、視察かたがたに激励に来ていただけないかと頼みました。

お二人とも快く来てくださり、特に避難所を激励していただきました。市民の表情が一瞬、明るくなったのを覚えています。

essay

⑩ ろう城（震災後初のメルマガ。市内全戸に配布）

まず今回の地震津波で亡くなられた多くの方々のご冥福を祈りたい。

相馬市の場合、地震の揺れが終わった直後に災害対策本部を招集し、津波からの避難呼びかけと誘導を指示した。海岸部の5027人の家屋が流出て瓦礫となったが、亡くなった方は約一割。多くの方を避難させた消防団の方々に、心から感謝と敬意とお詫びを申し上げなければならない。避難指示、あるいは誘導の業務により逃げ遅れ、殉職された団員が7人。この方々の尊い命と引き換えに守られた、多くの市民の生活と郷土の再建に死力を尽くすことが、私のせめてもの償いと思っている。

さて震災直後は情報収集と生存者の救出に全力をかけた。地震の倒壊による死者はわずかにひとり。その50分後に信じられない報告が対策本部に入ってくる。津波が6号バイパスを越えようとしているというのだ。私には想像もつかないことだったが、現実は原釜、磯部の集落が壊滅、尾浜、松川も高台以外は波にのみ込まれ、原形をとどめる家屋は無くなっていた。体中に心配と不安が走るなか、災害対策本部の次の仕事は生存者の保護と救出者の健康管理である。夕方の、沿岸部のすべてを飲みつくした海水の中で、孤立している被災者をひとりでも多く避難所に退避させ、暖を与え水と食事を摂ってもらうことに専念した一夜だった。

時間がたつにつれて、行方不明になっている親族や知人の報告が入ってきたが、対策本部の中では誰ひとり感情を表に出す者はいなかった。この非常事態に、市をあげて取り組まなくてはならないことを全員が分かっていた。被災の10時間後、4回目の対策会議で我われは、復興にむかって一歩ずつ進んでゆくことを誓い合いながら、今後の行動指針を短期的対応、中長期的対応に分けて策定した。明日になれば、災害の全容がわかるだろう、犠牲者の情報ももっと詳しくわかるだろう、しかしどのような事態であっても臆することなく、着実に計画を実行していくことを肝に銘じた。

二日目以降の避難所は、被災者とライフライン不通による一般避難民とで過密状態となったが、女性消防隊や自衛隊の応援による炊き出しや、早くも届いた支援物資で何とか最小限のことはできたと思う。

家を無くされた方々の避難所生活から、アパートや仮設住宅での自立した生活に移行してもらうこと、災害現地をできるだけ整理すること、またそれまでの長期にわたる不自由な生活のなかでの健康管理や精神的なケアなど、中長期の計画に添ってチーム一丸となって歩み始めた。

ところが。

45キロ離れた遠くの双葉郡から、二度目の悪魔が襲ってくる。放射能の恐怖という不安心理である。広がる一方の原発事故は一日中の過敏報道とともに、周辺地域はもとより日本中を恐怖心に駆り立ててゆく。半径20キロの範囲が避難指示地域になったころから、相馬市にも遠くに逃げ出そうという気分が広がっていった。同時に国内の物流業者が敏感に反応し、相馬地方やいわき市に入ることを避けるようになった。ガソリンのタンクローリーなどは郡山で止まってしまい、運転手をこちらから向けないと燃料も手に入らない。震災後わずかに開いていたコンビニやスーパーも商品が入って来ないため閉店である。ガソリンと物資が入らない日常生活の不便に加え、原発の放射能拡散の恐怖が相馬地方を襲ったのだ。

市民は終日テレビにかじりつき、解説者は得意げに危険性を説明する。たしかチェルノブイリでも30キロのはずだったが、45キロ離れて避難命令も出ていないはずの相馬市民の顔色がみるみる不安にあふれていく。

もしも放射能の数値が上がったら、その時避難したのでは遅いのではないか？国は、本当は健康被害が出るくらいの危機的状態なのに、国民を騒がせないために隠しているのではないか？ひょっとしたら今こそが逃げるべきタイミングなのではないか？現に米国は80キロまで避難させたではない

か？

事実、屋内退避とされている南相馬市では大量脱出が始まった。ガソリンも食糧も医薬品も届かない陸の孤島にいたのでは、ヒロシマのように爆発してからでは遅いのだという恐怖が、まず南相馬市民を相馬市に向かわせた。相馬市の避難所に押し掛けてきたので、こちらでは新たに廃校となっていた相馬女子高を南相馬市民のための避難所とした。容量は1、000人分。もちろん食糧の提供もこちらの義務となるが、我われより困っているのだと思ってひき受けることにした。災害対策本部には、一瞬顔をこわばらせるものがいたが異論は出なかった。

しかし、南相馬市民の不安や脱出願望を肌で感じた相馬市民にも危機感と焦りが生じてきた。早く逃げないと、放射能による障害をまともに受けるのではないかという不安が蔓延するようになってきたのだ。対策本部としては、国から避難命令が出る前に、自分たちで自主避難を決めることはあり得ない。この当たり前の立場を対策会議で確認して、三カ所の避難所で演説してまわった。

ヘリから見た原釜地区
（筆者撮影）

我われはその後の対策会議で、復興に向けて着実に進む方針を、短期対応、中期対応、長期計画と分けて市内の実情に合わせて着実に進んでいくことを決めてきた。その過程で、もしも国から一時避難を指示されるなら、市民の健康や生命を案じて計画的な集団避難を実行しなければならないが、漠然とした不安にかられて復興計画を遅らせるとしたら、亡くなった人たちに済まない。だいいち、高齢者などの災害弱者にとって、相馬を離れた避難所生活が辛くないはずがない。だから、国から避難指示のない現段階で、市民とともにこの相馬市を離れるつもりは毛頭ない。

ところが、原発の放射能もれに対する国中の不安が、相馬への物流を決定的に止めてしまった。影響が特に厳しかったのが医薬品である。この点は供給会社のトップと話して、相馬がどうしても撤退できない理由を理

全戸配布

広報そうま　平成23年3月25日　号外 No.5

平成23年3月24日発行　No. 248　相馬市長メールマガジンの内容を転記します。
相馬市長のメールマガジンとは、立谷市長の考えやあいさつを毎週金曜日にインターネットのメールを通じて、公表しているものです。
今回はメールマガジンの内容を広報紙でお知らせします。

●メールマガジン
▽パソコンでご覧の方は　http://www.city.soma.fukushima.jp/
▽携帯電話でご覧の方は　http://mobile.mag2.com/mm/M0094208.html　から登録できます。
なお、登録しますとメルマガのほか「ウイークリーまぐまぐ」も合わせて配信されます（無料です）。

号外として全世帯に配布
（平成23年3月25日）

解してもらった。彼らの理解を得て医薬品の供給は確保されたので、相馬の医療機関は留まることができる。しかし、問題はスーパーやコンビニで、生活用品や食料を調達できないことである。

市民にはご不自由をかけているが、ここで生活の不便さや原発の恐怖心に負けてしまったら、相馬地方は将来ともに復興ができないに違いない。昨日、行政組織の区長さんたちを集めて、相馬市はろう城生活に入ることの了解を得た。いつまでも続くはずもない原発騒ぎや物流の風評被害に負けたら、津波から被災集落住民の命を守って殉職した分団長や団員に申し訳がない。

最低、米と味噌と梅干しがあれば、生きてはいける。天明の飢饉はもっとひどかったはずだ。よってろう城をしながらここで頑張る。さいわい全国の市長たちが支援してくれるから、兵糧の心配はない。

第3章

避難所

（平成23年3月26日～6月17日の記録）

（1）精神科外来開設（3月29日）

被災3週間目に入ると避難所の配給体制や医療体制が整ってきましたが、次に直面する問題としては長期に至る避難所生活から来るストレスや体調不良。特に精神的なケアが喫緊の課題でした。

福島県立医大精神科の丹羽真一教授の呼びかけで、全国から集まった医師や看護師の方々のマンパワーを「心のケアチーム」として編成しました。そして、精神科領域のすべての活動を丹羽教授が統括するというシステムで、保健センターを拠点に各避難所に医師・看護師を派遣しました。

震災2週間を過ぎたころには、南相馬市の精神科病院が二つとも閉鎖となってしまったために、精神科領域の患者さんに処方を出せないという事態が生じていました。何百人も境目なしで寝泊まりする避難所は、精神科領域の患者さんにとっては非常に厳しい環境です。現実に、薬が途切れることによる深刻な事態も発生していました。

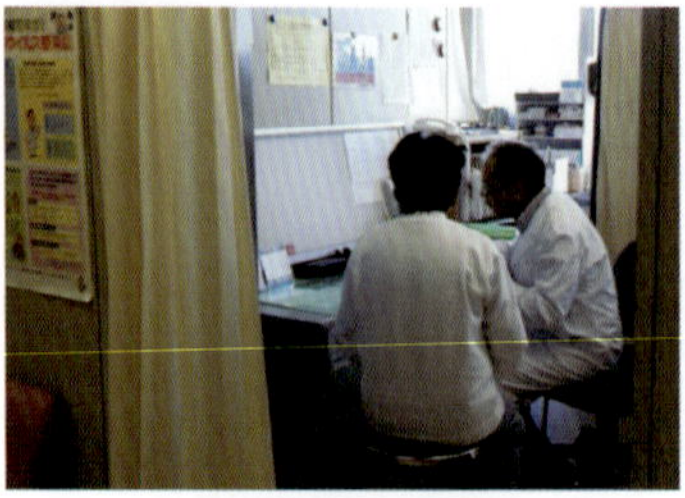

公立相馬総合病院
臨時精神科外来

そこで、3月29日、公立相馬総合病院に精神科外来を急きょ開設し、何とか処方箋を出すことが可能となりましたが、相馬地方の薬問屋が全て避難したために、調剤薬局も業務ができないという困難に直面していました。しかし、私が直接頼んだ恒和薬品の滝田康雄社長のご尽力で、市内の薬局に薬剤の供給が再開されました。

多くの方々のお力により精神領域医療の改善が図られていきましたが、精神病院閉鎖はやはり深刻な問題です。緊急入院対応などは、福島市内への精神病院に頼らざるを得ませんでしたが、その状況は現在までも続いています。

（2）さいがいFM開局（3月30日）

尋ね人などの呼びかけや、市内数十カ所で測定していた放射能のデータを市民に伝えるために、FM局を開設したのが、平成23年3月30日。

これは、市職員からの提案でしたが、そんなことがこんな小さな市でできるのかと戸惑う私を尻目に、市職員たちが機器の整備や手続きなどを次々と進めていきます。「リアルタイムの情報を届けるためには、放送は全て職員で行います」と言ったとおり、不慣れながらマイクに向かって放送を開始した職員たちには驚かされました。

市の職員で開設

ボランティアで参加した相馬市出身の歌手堀下さゆりさんのゆったりした口調。市の職員は大変だろうとアナウンサーを買って出てくれた商栄会の女性たち。

私の思惑をはるかに超える相馬市の底力がありました。

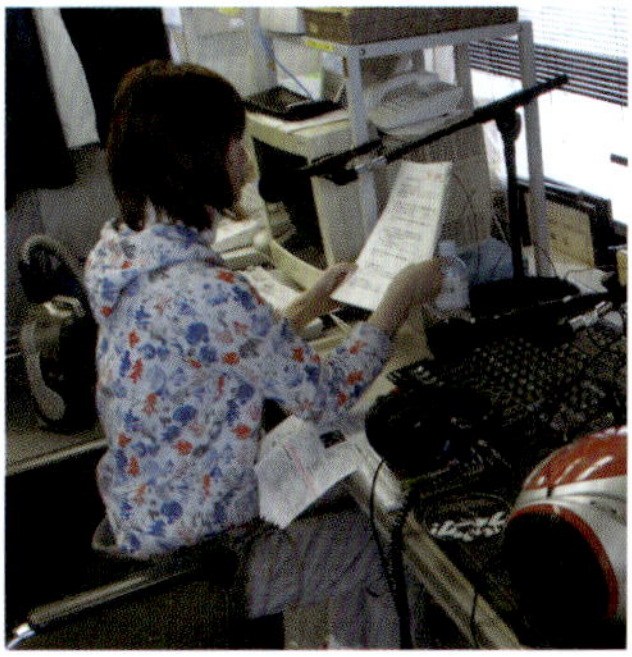

パーソナリティを務めた市民ボランティア

（3）仮設住宅の着工（3月26日）

震災当日から土地や材料確保に奔走していた仮設住宅は、3月26日、第一陣として東グラウンドでの建設がスタートしました。

このころは、とにかく仮設住宅でプライバシーが守られた余裕のある生活をしてもらうことが最大の課題でしたので、着工の知らせには胸が躍りました。

この段階で建設計画戸数は1，500戸。内訳は、県に頼んだ1，000戸と相馬市が代行して造る500戸でした。相馬市の被災戸数は1，500戸に上りますが、建設の途中で借り上げアパートを「見なし仮設住宅」として、家賃を全額県が負担することになりましたので、500戸は余分な勘定になりました。しかし建設の手筈は進んでいたため、他市町村の被災者を迎えることになっていきます。

（4）学校再開と間仕切りパーティション

震災時の3月は卒業式シーズンでしたが、避難所となっている小中学校では教室と体育館が専有されていたため、卒業式を見送らなければなりませんでした。春休みの時期でもあったので休校時間数は少なかったのですが、4月になれば学校を再開させなければなりません。

まず、避難所として使用していた教室を空けて子どもたちの授業に使用できるよう、避難者に移住と調整をお願いしました。

パーティションで区画分け

ほとんどの方々が「子どもたちの学校再開のためなら」と移住に協力してくれたのでこの作業はスムーズに進みましたが、これを機会に、体育館をパーティションで区切って使えないかと考えました。

そこで工業団地東地区に立地している吉野石膏株式会社にお願いしたところ、大量の石膏ボードを寄付していただきました。その石膏ボードをパーティションとして使用するために、木製のスタンドを職員たちが自作して避難所を小区画に区切りました。これで一人あたり1坪の面積を専有することができました。また、その1坪につき畳一畳を配置して、畳と床を有する独立した家族のスペースができあがりました。

パーティションで家族ごとのプライベートスペースに分けるもうひとつの大きなメリットは、被災者の家族ごとに仮住所を与えることができたことです。

実際に一人一人をデータベース化する作業にかかっていましたが、仮住所であっても所在地が明確であることは行政サービスの基本でした。

なお、この時パーティションとして使用

熊本県高森町へ石膏ボードを輸送
（平成28年5月6日）

した石膏ボードは、平成28年の熊本地震が発生した時点でも150枚ほど保存されていたため、カビなどを洗浄の上、被災地の熊本県高森町へ搬送しました。草村大成町長の采配により必要町村に配分して、再び役立たせることになりました。

(5) 無料法律相談(4月11日～)

財産をすべて流されてしまうという災難に遭っていた被災者の経済自殺の懸念は、対策本部の大きな課題でした。

我々の災害対策は『次の死者を出さない』ことを最優先課題として、速やかに戦略的統一行動を取っていくことでした。震災当初は、地震で建物などの下敷きになった人々の救出と津波からの避難の呼びかけ。次に、避難により助かった人から次の死者を出さないための救助と医療。いわゆる直接の災害関連死を出さないことでした。

しかし、避難所生活に多少の落ち着きが見られるようになってきた4月はじめころから、経済自殺が懸念されるようになりましたが、この段階で国の保障や生活再建のための特例措置はまだ何も決まっていませんでした。特に、多くの漁師が津波で漁船を無くしていましたから、借金返済に追われる生活が待っていたのです。

私は、二重ローンや借金に対する相談を積極的に勧めないと、責任感の強い

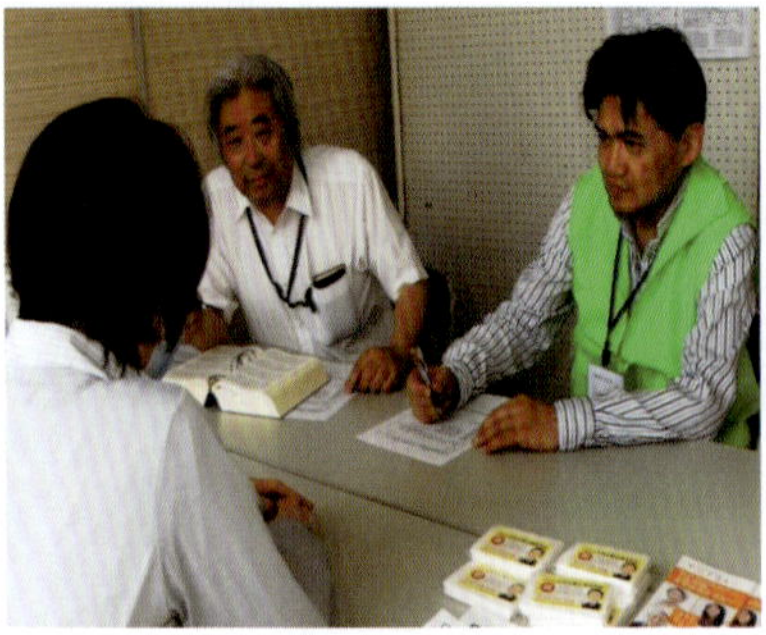

無料法律相談

人たちですので不慮の事態も有り得ると考え、相馬に地域派遣で来ていた弁護士の方を通して、福島県弁護士会に法律相談所の開設を相談しました。その時、当時日弁連の相馬市出身の荒中弁護士が、相馬市と法テラスをつなぎ、私からの要望実現のために奔走してくれたのです。おかげで、日弁連と法テラスからの派遣弁護士による、人的支援を決定していただきました。

さらに、司法書士会、税理士会、行政書士会にも賛同してもらい、土地家屋調査士も加わって、平成23年4月11日、ワンストップサービスでの無料法律相談所が市役所分庁舎に常設されました。

拙稿を書いている平成29年7月までに、3、500人を超す相談業務を行っています。津波被災者に限れば、おかげで今日まで自殺者はゼロです。

法テラスの皆さまをはじめ、相談業務に携わっていただいた先生方に改めて感謝いたします。

column

（6）原発さえなければ（新聞やマスコミが報道しなかったKさんの本当の無念）

全体避難となった飯舘村の隣に位置する相馬市玉野地区は、避難指示となるほどの線量ではなかったものの、農作物の出荷制限の対象となりました。特に、乳製品はただちに出荷停止となりました。

放射性ヨウ素のリスクを考えれば極めて妥当な措置でしたが、その後の対応が足りなかったと思われます。せめて、全額所得補償などを早期に生産者に伝えるべきだったのではないかと思います。

山間部の玉野地区で酪農を営んでいたKさんは当時54歳。彼には32歳のフィリピン人の奥さまと5歳と6歳の子どもがいました。

歳をとってから授かった子どもさんだったので、4月から玉野小学校に入学するのを楽しみにしていたそうです。しかし、原発事故を過大に考えたフィリピン政府は福島県在住のフィリピン人に帰国勧告を出しました。32歳の奥さまは、祖国の勧めにより子ども二人を連れて帰国。生き甲斐を奪われたKさんは牛を売却して、妻と子どもを追ってフィリピンに渡ります。

しかし、連れ戻すことはできませんでした。一人帰国したKさんが仕方なく、酪農を再開するためにJAに牛の購入資金の借り入れを申し入れますが、「あなたには前の借金があるから貸せない」と断られ、夕刻に相馬市の無料法律相談所を訪れました。

弁護士はKさんの精神状態が異常であることに気づき、借り入れの手続きより精神科の処置が必要と判断し、市の職員を通じて公立相馬総合病院で臨時開設していた精神科に外来診察の予約を取りました。

しかし、翌朝、壁に「原発さえなければ」とチョークで無念を書き込み、Kさんは命を絶ちました。このKさんの一例が、相馬市で唯一の原発関連の死亡者です。マスコミは、壁にチョークで書いた言葉に群がりました。

私のところにも多くの記者たちがコメントを求めて訪れてきました。そこで私は、死因に複雑な事情がありすぎる事、国が二重ローン対策の予算措置をとっていたにもかかわらず、末端まで情報がまわっていなかったこと、国際結婚のあり方にも問題があるのではないかなど、事情を説明しましたが、どこのテレビ局も新聞社も報道しませんでした。唯一、地元新聞社だけが、私のコメント「フィリピンに渡った子どもたちが心配だ」を載せてくれました。

（7）避難所で栄養管理メニュー（給食制の導入　4月18日〜）

避難所は原則として炊き出しです。ボランティアや自衛隊の方々がおにぎりを作り、それに支援物資の缶詰や友人知人からの差し入れを副食としていました。これでは、長期間の健康管理は難しいので、学校の給食室を使って、朝と夕は定食を配給できないものかと考えました。

しかし、当時は物流が停滞し食材を集めることが困難なばかりでなく、栄養士や調理師を確保することも無理な話でした。このことは3月中からの懸案事項でしたが、そんな時に学校給食の大手企業であるシダックス株式会社から、人も食材も全国から集めることができると提案がありました。本当に実現できるなら頼まない手はないと考え、さっそく志太勤一社長とお会いしましたが、この人なら信用できると思いお願いすることにしました。

避難所で給食配給

学校給食室のキャパシティでは4千人分の食事はとてもまかない切れませんでしたが、ありがたいことに休眠中のアルプス電気株式会社相馬工場の社員食堂の調理室をお借りすることができました。さらに、35人の調理員を被災者の中から採用することをシダックス社との契約条件に加え、避難所給食制に向けて走り出しました。昼食提供は、仕出し弁当で対応することにしました。

このシステムは、仮設住宅に移り住むまでの一過性のものとして始めましたが、後に仮設住宅での孤独死防止のための夕食おかず配給で継続することになります。

シダックス社からは後に仮設住宅の惣菜調理のための、キッチンカーを寄贈していただきました。平成27年3月の災害公営住宅全戸完成をもって、おかず配給を終了した後は、ひっそりと待機状態でしたが、1年後の平成28年4月に起きた熊本地震に際し、相馬市からの支援車両として熊本県高森町に無期限貸与し、その運用を草村大成町長に委ねました。役目を終えて帰ってきたら、みんなで洗ってやろうと思っていたところ、平成29年7月5日に発生した九州北部豪雨による被災地支援のために、シダックス社のボランティアオペレーターの手伝いにより、7月13日から大分県日田市と福岡県朝倉市に順次貸し出し、三度お役に立つことになりました。

なお、旧社員食堂の調理室を無償で提供してくれたアルプス電気の片岡政隆社長には多くの点でお世話になりました。工場の一部を遺体安置所として使わせていただいたばかりでなく、多くの休眠工場を物資倉庫として利用させていただきました。このアルプス電気株式会社相馬工場が無かったら、相当な混乱を来したろうと思います。本当にありがたく使わせていただきました。

(8) 学校再開(4月18日)とPTSD(心的外傷後ストレス症候群)対策

4月18日から学校を再開しました。壊滅的な被害を受けた磯部小学校でも10名の新入生が入学。家族・親戚が無事だった児童は一人として無く、それでも無邪気に頑張る健気な姿が私たちの心を打ちました。しかし、学校の授業では明らかな震災の影響と思われる異常な反応が見られました。

海を連想する言葉を使うと子どもたちが泣き出すとか、落ち着きが無くソワソワしているなど、連日の対策会議で安良紀男教育長から受ける定例の報告は深刻なものでした。ある程度は予想していましたが臨床心理士による系統的継続的なケアの必要性を痛感した我々はPTSD対策チームの結成を目指して走り出します。

磯部小学校入学式
(平成23年4月18日)

宮澤保夫氏は震災支援に来てもらって意気投合した星槎グループの会長さんですが、子どもたちのためと一肌脱いでくれました。グループから臨床心理士3名を出向させてくれたのです。

さらに、星槎グループの方々や、ボランティアの医師や学生たちが宿泊する施設として、相馬中央病院と共同で市の中心部に8室ある住宅を借り上げ、グループの職員を一人常駐させて『星槎寮』と名付け、多くの医療系ボランティアを迎え入れました。

そのほか、東京都老人総合研究所（現東京都健康長寿医療センター）の高橋龍太郎副院長には保健師を派遣していただきました。おかげで、医師との連携もスムーズだったと思います。

PTSD対策チームは、その後NPO法人「相馬フォロアーチーム」として、市教育委員会と連携しながら独立した活動をしていきます。

宮澤保夫会長（左）
（平成23年4月20日）

フォロアーチームの活動は多くの団体から支えられました。活動に共感してくれた大阪のプール学院の皆さんは、毎月生徒ひとり100円ずつ、フォロアーチームにカンパしてくれました。全校生徒1、400人ですので、毎月14万円になりました。事務用品や教材を購入するには十分な支援です。

『お線香の毎日香』と、テレビ番組『笑点』のスポンサーでお馴染みの株式会社日本香堂は、副社長の大久保哲夫氏が市長室にお見えになり、私の話に大変共感して寄付を申し出てくださいました。『笑点』の地方公演の際、会場での自社製品の売り上げを、フォロアーチームへの寄付金として毎年、市の口座に入金していただいています。

また高級ブランドとして有名なルイ・ヴィトンジャパンには、このフォロアーチームの活動拠点を造っていただけることになりました。

ルイ・ヴィトンとしても、子どもたちの明日の希望のために、また、子どもたちのアートに対する感受性を高めるための情操教育施設「LVMH子どもアート・メゾン」を建設し、相馬の復興と子どもたちの豊かな成長のお役に立ちたいとおっしゃられたときは、本当に頭の下がる思いでした。

相馬フォロアーチーム
NPO化設立総会
（平成23年6月2日）

相馬フォロアーチーム　メンバー

▽須藤康宏（リーダー：臨床心理士）
▽高崎　蘭（臨床心理士）
▽塩満芳子（保健師）
▽吉田克彦（精神保健福祉士・家庭相談士）
▽西永　堅（カウンセラー）
▽安部雅昭（教育カウンセラー、
　キャリアコンサルタント）

essay

（9）震災孤児等支援金支給条例

被災から40日たって巨大津波の相馬市の被害の全容が明らかになってきた。まず、床上浸水以上、つまり津波による流水の前に住人が生命の危機に曝された家屋が1、512世帯、住民基本台帳での人口は、前回から修正して5、249人だった。その中で、今日の段階で死者および行方不明者の合計は475人。津波襲来の時にこのうちの何人が被災地にいたのかは不明だが、現段階で死亡者の数が一割を切っていることには、驚きと感謝の気持ちを禁じえない。原型をとどめた家屋がほとんどない程の大津波から、9割の住民を避難させたのは地元の消防団員たちだった。しかし、その犠牲者数は前回のメルマガ時から3人増えて10人となった。

磯部地区の方々が集団で避難生活をしている「はまなす館」で、殉職された消防団員のお母上とお会いして首を垂れた。息子を亡くした心中を察するに、私は何と申し上げたら良いか？お詫びしたい自分の気持ちをどのようにお伝えすべきか？迷いながら視線を上げた私の前で、背筋を凛と伸ばした彼女は気丈だった。

「止めたのに、仕事だからと言って避難誘導に向かった。やさしくて良い息子だった。残した子どもたちのためにも私はしっかり生きなくてはならない」

相馬市震災孤児等支援金支給式
（平成23年7月2日）

殉職した消防団員10人の子どもの数は11名、うち18歳未満は9名である。社会人として自立する前の子どもたちを残して、死んでいった彼らの気持ちを思うと胸が苦しくなる。さぞや無念、心残りだったろう。多くの市民を助けた代償としても、余りにも重く、辛い。相馬市が続く限り、市民は彼らを忘れてはならない。

我われ残された者たちが、父親の無念の代わりを果たすことなど、とてもできないことだが、万分の一でもの償いと思い、生活支援金条例を作ることとした。遺児たちが18歳になるまで月々3万円を支給するものである。全くの孤児となった、あるいは片親だけを合わせ、今回の災害で親を亡くした18歳未満孤児または遺児は、全部で44人にのぼる。この子らが成長するまでの経済的負担の一部を、市の責任で担っていくことを市民の総意で決めようと考えている。今月の議会にかけ議決を得しだい支給することとしたい。

財源は、遺児たちのための義援金の基金口座を作ったので、できれば世界中からの善意をいただきたいと思っているが、不足する場合は市の一般財源で対応する。総額は約2億円。

もしも、義援金がこれを突破することがあれば、次には大学進学のための奨学金などに充てていきたい。その際は条例を改正することになるが、もうひとつの条件は、孤児らに、将来強く生きていくための学力をつけさせることである。

相馬市の小・中学校は4月18日に遅れた新学期を迎えたが、心配したとおり被災地の子どもたちは、心の傷が学習の障害になっている。我われは、臨床心理士と保健師ら常勤6人体制による「相馬フォロアーチーム」を結成し、教育委員会の別働隊として被災児童生徒のサポート体制を敷いた。現段階で2年は継続することとしているが、仮に精神が安定した後もしばらくは、学力向上のためにきめ細かな指導を続けてもらいたいと思っている。

先日、私のメルマガを読んだというフィンランドと英国のテレビ局が取材に来たので、「貴国の友情をこの子らに！」と呼びかけた。ゆえに相馬市のホームページの義援金口座ワッペンは英語バージョンも用意した。

拙稿の読者諸兄にもご賛同いただけるよう、平身低頭。

（10）最初の仮設住宅入居（4月30日）と対策本部の支援

3月26日に東グラウンドで着工した仮設住宅の最初のブロックが4月末になってようやく完成。

しかし、被災者にとって新たな竈（かまど）を持つことは、容易なことではありませんでした。日本赤十字社が大型家電の7点セット（冷蔵庫、テレビ、洗濯機など）を支給してくれましたが、生活するためには小物も必要です。そこで、国際的なNGO『難民を助ける会』の長有紀枝理事長から新たな旅立ちのための支援として、鍋釜セット（鍋、釜、まな板、包丁などの生活用品）を仮設住宅居者の全世帯に寄贈してもらいました。

さらに私が、このときのためにと思って全国の友人市長たちから集めていた米と寝具を、一人30キログラムの米と一組の布団をセットとして、新生活のために支給しました。

また、新生活を始める諸費用として一世帯10万円の仮設住宅入居支援金を支給。全国から寄せられたご厚意を避難所からの旅立ちのために、心を込めてお渡ししました。

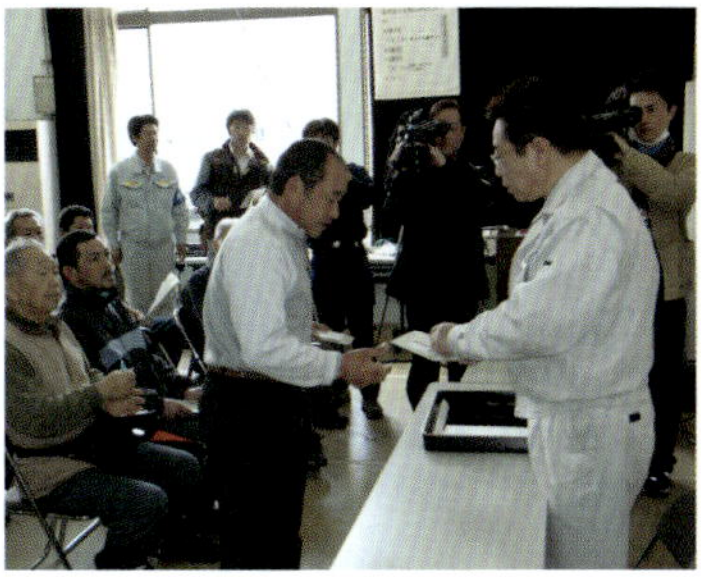

北飯渕応急仮設住宅の
鍵引き渡し式
（平成23年4月30日）

もうひとつ、避難所では朝・夕の給食と昼の弁当が配られていたことに対して不公平にならないように、仮設住宅での新生活に慣れるまでの間は、栄養面での支援に加えて困りごとのチェックも必要と考え、夕食には弁当を市の職員たちが手わたししながら、新生活をサポートしました。

相馬市民の仮設入居被災者の1、000世帯分の仮設住宅完成には、さらに40日を要しましたが、最初の仮設住宅入居の段階で、相当長く続くだろう仮設住宅での暮らしのサポート体制を作っておく必要がありましたが、夕食を弁当で手わたししながら、被災者との対話の中で支援体制を検討していきました。

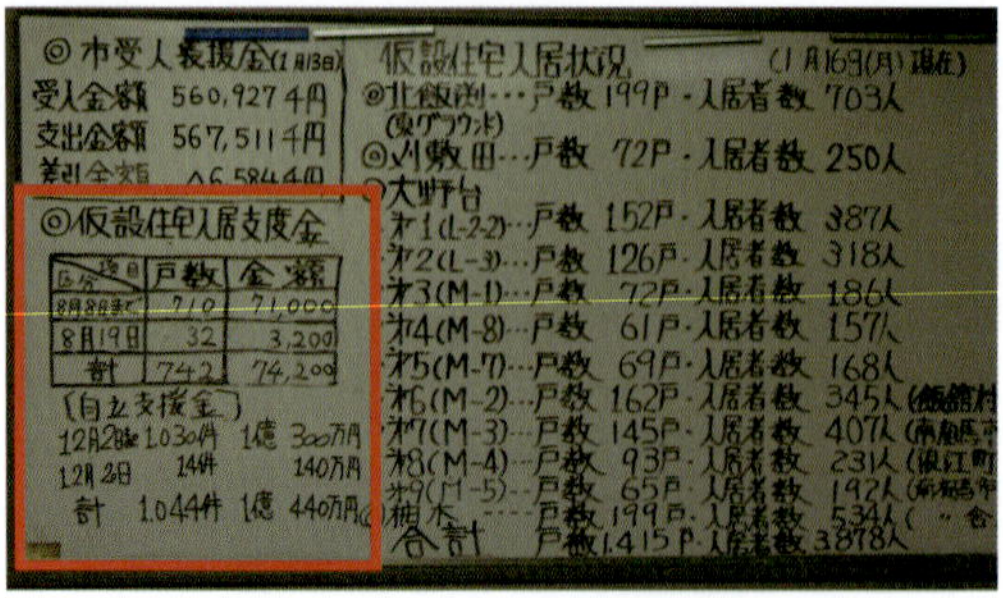

一世帯 10 万円の支度金

米を一人 30 キログラム

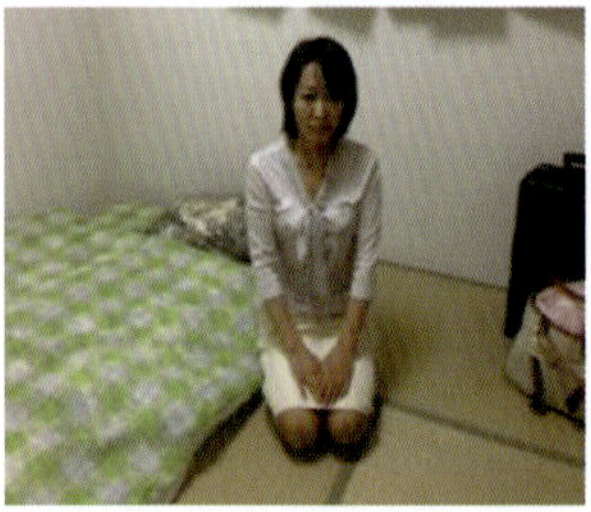
一人ひとりに寝具セット

鍋釜セット
「難民を助ける会」からの支援

column

(11)両陛下のお気持ち

平成23年5月11日、天皇皇后両陛下に被災地激励のため、相馬にお越しいただきました。津波に流された相馬光陽サッカー場の駐車場にヘリで降りられた両陛下をお迎えした私は、おそらく私の人生で最も光栄な、そして充実した時間を過ごしました。私がご案内、ご説明、そして2時間半にわたる行幸啓のタイムキーパーを務めさせていただいたのです。何より驚いたのは、両陛下を一目見ようと集まった沿道の市民の幸せそうな表情でした。

中村第二小学校の校長室で、震災の概要の説明をさせていただいた私は、「原釜地区の高台にある津(つのみつ)神社に先祖の言い伝えに従って逃げて助かった人も大勢いました。400年前の大津波の伝説が語り継がれておりました。ご先祖さまの有りがたさが身に沁みます」そのように申し上げた私に、天皇陛下はとても優しくうなずいてくださり、「市長さん、その神社には行けないのですか」と尋ねられました。「真に申し訳ございません。ご視察いただくコースが決まってございます」

やがて、バスで原釜地区を通った際に陛下は、

「市長さん、津神社はここから見えますか」

「陛下、建物は見えませんが、あそこの森に見える高台の中にございます」

「そうですか、あの森ですか」

畏れ多いことでしたが、陛下は私の指さす方向をご覧になり、うなずいてくださいました。

何か私は、我々のご先祖さまにまで両陛下にお声をかけていただいたような気持ちになりました。

市長メールマガジン　2011/05/20 発行

essay

⑫ 新しい村

震災から今日で70日を数える。仮設住宅への移転が順調に進んでいるとはいえ、まだ800人余りの方々が避難所暮らしをしている。全員の方々の仮設住宅への移転が完了する6月中旬まで、対策本部としては毎日の会議を継続中である。健康のため交代で休むよう指示してきたが、気がつけば、私が東京への出張で一回だけ本部会議を欠席した以外、部長以上の幹部は全員が毎日出てきている。避難所閉鎖をもって、日曜日は本部会議を開かない、公休日にしようと思っているが、あと三週間余りだからこのまま無休で頑張ってもらいたい。

さて、震災直後は合計4、400人にも膨らんだ避難所を眺めて、仮設住宅を一日も早く完成させることと、この避難所から一人でも死者を出さないことに闘志を掻き立てた。市内の医療機関の頑張りと、日本医師会、全日本病院協会、東京医大と東京都チームの方々の医療支援活動や、多くの市民、協力団体のボランティア活動により、私の当初の大目標は達成できそうに思える。避難所のうち中村二小の体育館には両陛下にお運びいただいて、一人ひとりお言葉をかけられた。さらに被災した現地でご説明を求められた私は、消防団員たちの犠牲の上に生き延びた人たちの命があるのですと申し上げたところ、小雨の中、傘をお取りになって英霊たちに黙礼を賜った。両陛下のおかげで私もすこしだけ、許してもらえたような気がした。

彼らが残した子どもたちへの、私の気持ちを前回書いた。しかし津波の生存者の今後の生活支援を、しっかり行っていくべきことも彼らの残したメッセージである。いま被災者全員の生活状況をデータベース化しているが、最初にこの災害で単独世帯になった人、つまり家族でたった一人助かった人たちのリストを作って対策を講ずることにした。二次災害として医療の次に留意すべきは、経済自殺と孤独死だからである。調べてみると93歳男性を筆頭に110人の方が単独世帯になっていた。中には、自分だけ助かったことを悔やんでいる人もいるという。仮設住宅への入居を中期計画の目標にしてきたが、これらの方々の仮設住宅での一人暮らしには、特に長期的な支援を、と思っている。なによりも寂しさ対策と励まし合いが必要だ。一つの方法として複数で住むことを奨めてみたが、全員が独りで住みたいという。ならば集会所で一緒に食事をとりながら、最低でも一日一回のコミュニケーションをとってもらおうと考えて、夕食は配給制にすることにした。よって一年間は仮設住宅入居者全員に夕食を提供するが、独居世帯者には集会所で食べてもらう。また、健康チェックも含めて、顔合わせと会話の機会を積極的に作っていきたい。

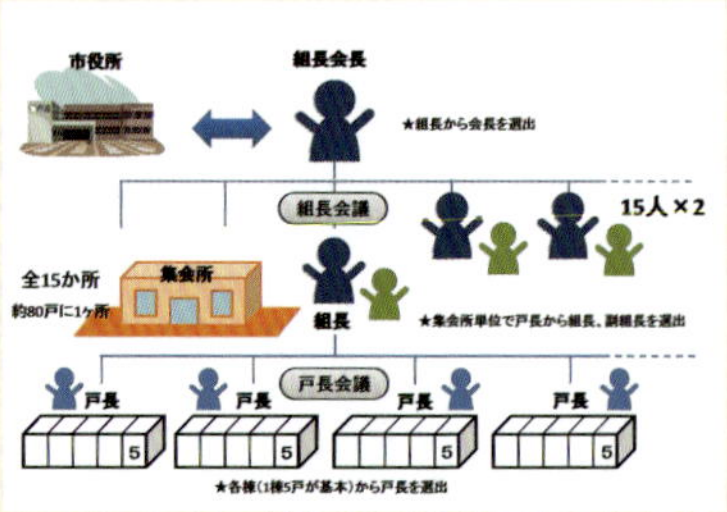

組長・戸長制度のイメージ図

独居世帯も含めて、仮設住宅での生活をお互いに支え合いながら過ごしてもらうために、できるだけ元の地域ごとのコロニーを、集会所ごとに作っていきたいと考えている。およそ80戸でひとつの集会所を囲む形になるが、一棟五世帯ごとに戸長を選び、集会所ごとの戸長会議を組長が束ねる。組長を行政区長が兼務するケースも出てくるが、組長協議会の上に区長会議を位置づけ、行政サービスをこの組織図で行う。したがって住民健康診断をはじめ、支援物資の配給や、外部からの炊き出し部隊のサービスなどは、区長会議と組長協議会で整理する。

相馬市の場合、原発事故のため避難生活を余儀なくされる双葉地方をはじめ、飯舘村や南相馬市の避難民の方々を受け入れることになるが、ふるさと自治体ごとのコロニーを作ることと、行政サービスの葉脈を作ることが、慣れない地域で過ごしてもらうためのポイントである。

相馬市のエリアでは集会所ごとに市の担当者を張りつけるが、ほかの自治体からのコロニーには役所の職員が一世帯以上住んでもらいたいと考えている。71戸の住民をお預かりすることを決めた飯舘村長とは、村職員居住を申し合わせた。現在、市外から多くの申し込みをいただいているが、以上の理由により最終的には首長さんと調整して入居受け入れを決めさせていただきたい。あとは、ほかの自治体からの仮設住宅入居者を相馬市民同様、市民全員の力で大切にさせていただくことだ。

(13) 放射能対策と説明会（5月22日〜）

上教授による地区説明会
（平成23年5月22日）

相馬市の空間線量は、原発事故直後から低減傾向が続いており、市内全域で個人被ばく線量が年間20ミリシーベルトを超す可能性はもちろん、5ミリシーベルトを超えるケースもないだろうと予測していましたが、これらはいずれ、個人個人の実際の測定で正確な結果を出す必要がありました。

しかし、長期的な低線量被ばくについては、国からの明確な見解が示されていませんでしたので、市内でも相対的に空間線量の高い玉野地区の子どもたちには、ほぼ線量がゼロに近い大野台仮設住宅に、希望する家族に限り、移ってもらうことにしました。

放射能対策は、知識を持って『正しく怖れ、賢く避ける』ことが一番大事です。

私が放射能対策アドバイザーとして委嘱した東京大学医科学研究所の上昌広教授と教室員の先生方には市内各地12カ所での市民に対する説明会を担当してもらいました。

（14）ヘドロ・粉じん対策（作業員の健康、飛散による市民生活への影響）

被災地の整理とがれき撤去・処理が各地で進む中、宮城県石巻市で破傷風による重症事例が発生しました。

この段階では、ヘドロの毒性などの明確な研究報告はありませんでしたが、がれきの中に含まれるアスベストの市内への持ち込み懸念もあったので、ヘドロ粉じん地域と市民生活の間にゲートを造り、作業員はシャワーを浴びた後、着替えてゲートから出るよう対策を講じました。

作業員に講演する渋谷健司氏
（平成23年6月4日　）

このルールを実施するにあたり、東京大学大学院医学系研究科国際保健政策学教室教授の渋谷健司氏に、建設会社の従業員の方々をはじめとする関係者を対象に講演をお願いし、理解を求めました。現場全体が統一したルールの下にヘドロ・粉じんの被害を防ぐ対策でした。

①作業員が全員消毒セットを持参して作業にあたること

②作業現場から市民生活に戻る際には、ゲートを通りシャワーを浴びてヘドロ・粉じんを洗い流し服を着替えること

③作業員を雇用する企業は安全衛生管理者を責任者として任命し、応急体制を徹底させること

ゲートシステム設備
（シャワー・岩子）

essay

（15）被災した子どもたちの将来のために

おかげさまで、震災孤児・遺児らへの支援金が日本中・世界中から寄せられるようになった。中には私が直接お話しをさせてもらって意気に感じていただき、お帰りになってから広く募金運動をしてくださった方もいる。また少額ながらも、気持ちですと伝えて来られた方もいる。できるだけ御礼状をと考えているので、口座に送金いただいた場合はメールでお名前とご住所のご連絡をいただきたい。もうひとつは、子どもたちが成長した時まで私が生きていたら、お世話になった方々の名簿を一冊の本にして彼らの旅立ちへの花向けにしたいから。

この震災の復旧・復興作業の指揮を執り続けてきた中で、私自身、大きな勉強をさせてもらった。瞼に浮かぶ原釜の、生まれ育った家の周りの温かい光景が、すでに消えてなくなっていることを、現地が変わり果てているぶん納得できず、3カ月も経とうとするのに、私は現実を心から受け入れることができないのだ。しかし、被災して人生が築き上げてきた全てを失った方々を前に、悲しみや感傷に浸っている余裕など無いから、気持ちに流されないで公務しなければならないことや、冷静に先々の展開を読んで早め早めの手を打っておくことを学習した。何より仕事をしている時が一番落ち着くことも分かったし、本当に苦しい時に支援を受ける有り難さも知った。こんなにお世話になるほど、私は他人に頭を下げて来なかったから、これからの人生でその分の埋め合わせをしなければと思っている。

私が本心では、今回の震災の甚大な被害を受け止め切れていないように、悪魔のような津波に追われた子どもたちも、恐怖体験から抜け出せないでいる。加えて家族や友達を亡くした虚脱感が、本来あかるく多感であるべき子どもたちの感性をむしばんでいるのだ。学校が再開した4月18日以降、対策会議のたびに教育長から被災小中学校の様子を報告してもらっているが、PTSDはやはり深刻である。

対応策として臨床心理士によるケアを考え「相馬フォロアーチーム」を結成し、きめ細やかな心のケアを始めたのが4月の末だったが、開始後からその仕事量の大さへの対応と継続性をどのように確保するかが課題だった。対象は幼稚園から高校生までだから、一人ひとりじっくりとケアをして成長の記録をとどめて、さらに最長15年経過を追うとしたら、人材と財源を長期的にマネジメントしなければならない。

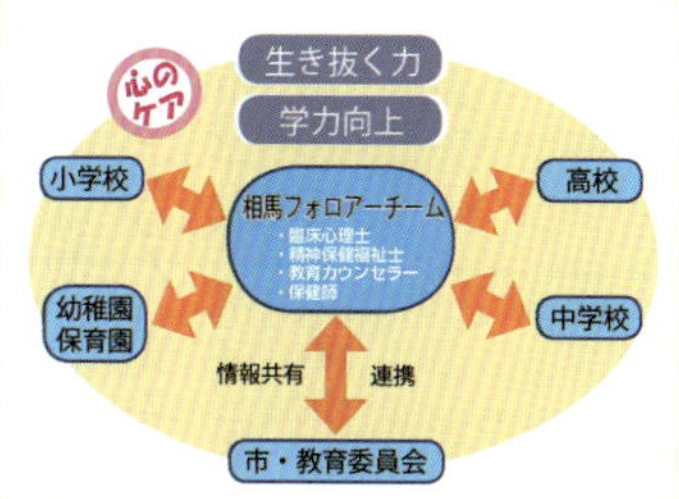

6月2日、この活動を理念と継続性と、透明性をもって着実に行っていく目的で、NPOとしての設立総会を行った。理事長には相馬市教育委員の山田耕一郎先生が、副理事長には立教大学教授で『難民を助ける会』理事長の長有紀枝先生が就任された。そのほか、相馬市内の有識者の方々と、福島から近藤菜々子弁護士が理事になられた。法人格を持つことによって相馬市としても支援しやすくなるし、寄付も集めやすくなる。何より目的

と予算執行の間に客観的な検証を加えることができる。被災した子どもたちへの支援を長期間しっかりと継続するとともに、彼らの成長過程でアドバイザーになってもらえればとも考えている。

ところで、このＮＰＯ活動は孤児・遺児への支援制度と表裏一体である。子どもたちを残して死んでいった親たちの無念に応えるためには、金銭的な支援だけでは足りないと思うので、高校卒業後の高等教育の奨学金の分もと思って世界中に支援を呼び掛けているが、忘れていけないことは、豊かな心と学力が充分に身につくようサポートすることである。よって、いずれ体制が整い次第、ＮＰＯ活動のメニューに学力向上部門を加えてもらおうと考えている。そして孤児・遺児だけではなく、被災した相馬市のすべての子どもたちに、支援していただく方々の善意が着実に行きわたり、最も有効に活かされるよう、一同、知恵を絞り努力を傾注していきたい。

■フォロアーチームの活動内容

●日常時

磯部幼稚園、磯部小学校、磯部中学校、中村第二小学校、中村第二中学校に常駐し、児童生徒、教職員、保護者を対象に相談業務を行う。

●夏休みなど

各学校において、希望する児童生徒、教職員、保護者を対象にスクールカウンセリングを行う。あわせて、福島医科大学の「心のケアチーム」と一緒に仮設住宅の集会所を訪問し、相談活動を行う。

(16) 仮設住宅(相馬市分1、000戸)の完成と避難所閉鎖

平成23年6月10日、相馬市被災者のための全仮設住宅が完成したことに伴い、6月17日までに避難所を閉鎖する方針を、すべての被災者の方々に伝えました。

避難所の生活では、三食の食事が提供されていたことに比べ、仮設住宅ではそれぞれの収入の中で自活しなくてはなりません。被災者の中には、仮設住宅の暮らしに自信がないと訴える人もいましたが、市としては、仮設住宅入居に際しての当初の支援(一世帯10万円の支援金、ひとり30キログラムの米と寝具の支給、鍋釜セットなど)に加えて、当面の間は、夕食のおかずを2品配給し、米も平成23年度内は支給を続けることなどを説明し、全員に移ってもらうことができました。

中村第二小学校避難所閉鎖
(平成 23 年 6 月 17 日)

後になって、閉鎖が進まない避難所が話題となりましたが、相馬市では仮設住宅完成後1週間で避難所すべてを閉鎖することができました。閉鎖を長引かせたところで、いずれは仮設住宅での暮らしに移行しなければならないことを、被災者全員が理解してくれたおかげでした。

この時点で市の被災者対策は、仮設住宅での生活支援と、次の大きな目標であった高台移転による災害公営住宅の建設に大きく舵を切りました。高台への最終的居住地確保は、復興の大きなポイントになります。同時に復興計画に基づく、新しい地域づくりのスタートに立つことになったのです。

仮設住宅生活

(17) 大元宏朗 氏

平成23年6月12日、広島から相馬に派遣されていた陸上自衛隊の部隊が、およそ3カ月の活動を終えて相馬を離れることになり、第四十六普通科連隊長の大元宏朗氏と、私をはじめ相馬市の幹部職員たちが涙とともに別れを惜しみました。

活動終了の報告をする大元氏

自衛隊のパワーと被災地支援の心意気は、被災地整理・復旧のみならず避難所生活を支える大きな力でした。

そのリーダーの大元氏は、対策会議の一員として朝・夕の会議に出席。会議の度に我々からの依頼を受けての活動とその報告をしてくれました。実直な人柄は、相馬のメンバーたちとも打ち解け、誰もが相馬のファミリーと思って頼りにするようになっていったのです。

「必ずまた来るよ」。

平成28年の野馬追の日。その約束どおり、自衛隊を退官して京都府の災害対策監となっていた大元氏が来てくれました。

お互いに手を握りながら再開を喜び合い、6年前の別れと、その6年間の時の流れに思いを馳せながら感無量でした。

第4章

仮設住宅

（平成23年6月18日～平成27年3月26日）

（1）仮設住宅の基本的運営方針

仮設住宅での生活を始めるにあたり対策本部での重要課題は、新しい集落コミュニティーをつくり、共同体として助け合って暮らすためのシステムづくりでした。これをしっかりやらないと、精神的ストレスによる自殺や孤独死を招くことになり、『次の死者を出さない』という大原則が守れないと考えました。

仮設住宅は1棟に5戸入居します。さらに約16～20棟ごとに集会所ができるという仕組みになっていました。相馬市の被災者のための仮設住宅は1、000戸、集会所は10カ所。その後、相馬市が県から代理建設を依頼される形で整備した500戸分が遅れて完成し、飯舘村や南相馬市の原発被災者の方々が入居することになりましたが、完成するまで一～二カ月遅れますので、相馬市がモデルパターンをつくり、他市町村からの方々にも適用することにしました。

まず、集会所を取り巻く平均20棟の仮設住宅群の中からリーダーとなる方を選びます。その人選は、入居者の皆さんで決めてもらいます。

集会所を中心とする居住コロニーは、大抵は元々の同じ被災地域の人たちで構成されていましたので、地域の中で信用のあった方が選ばれました。この方を組長さんと称し、対策本部で時間給900円で1日4時間の臨時雇用することにしました。さらに、副組長さんを選任して、同様に臨時雇用しました。

次に、一棟の5戸入居世帯のうち、1戸を代表者にして対策本部からの連絡や、日々の居住者の健康状態のチェックと清掃状態の管理などをお願いしました。1日2時間、これらの業務に従事してもらい、戸長さんと呼ぶことにしました。人選は、組長と同様に5戸の互選で決めてもらいました。

各集会所で月に数回の戸長会議を開き、組長・副組長さんを中心にして仮設住宅での問題点を話し合います。次に、組長・副組長さんが市役所に月に1回集まって組長会議を開きます。この葉脈のような体制は、支援物資を配給したり、必要な連絡を速やかに伝える役割はもちろんのこと、仮設住宅でのコミュニティー形成に大いに役に立ちました。

平成23年7月8日に遅れて完成した100棟500世帯分の仮設住宅には、南相馬市、浪江町、飯舘村の原発被災者の方々から申し込みが殺到しましたが、相馬市としてはとりあえず記名だけしてもらい入居決定を留保しました。私としては、被災者の方々は、あくまでそれぞれの市町村の住民であり、私が入居の可否を決定するのは不適切と考えたのです。

戸長会議

市町村ごとの申し込み名簿をそれぞれの首長さんに届け、その首長さんの依頼で入居者をお預かりするという形にしました。ですから、管理の基本的責任は各首長さんに据え置き、その依頼を受けて相馬市で対応させていただくという、基本的な姿勢を明確にしました。

私としては、原発事故で一時避難している被災者を相馬市民に誘導するような管理体制には、したくなかったのです。

よって、それぞれの市町村ごとに避難元の自治体職員のための仮設住宅を一世帯分割り当てるから、避難元自治体のガバナンスの下に相馬市で避難生活を送って欲しいと各首長さんたちに要望しました。この方針に対し、飯舘村の菅野典雄村長は、臨時職員を雇用して飯舘ブロックの仮設住宅に配置してくれましたが、そのほかの自治体は人手不足という理由により実現しませんでした。

後から入居した他市町村の方々に対し、支度金や寝具を差し上げることはできませんでしたが、『難民を助ける会』の鍋釜セットなどは相馬市民同様の配慮をしていただきました。

支援物資として相馬市に集まった物資の他市町村入居者への分配は、相馬市の被災者が了解する範囲で、やはり必要と考えました。相馬市の被災者に準じて米10キログラムを当分の食料として配布しました。

組長会議

(2) 夕食のおかず全世帯配給（平成23年6月18日～）

避難所では、シダックス社のスタッフ派遣や食材手配により三食を給食制としましたが、6月17日の全世帯仮設住宅入居完了後からは、全入居者に対し夕食惣菜二品の配給を開始しました。

言うまでもなく、孤独死対策と栄養補助のためです。特に、震災によって独居老人となった方々は、それぞれの集会所に集まって組長さんと一緒にみそ汁付の定食を食べてもらうことにしました。これは前述した組長・戸長制度があってはじめて可能なシステムでした。

惣菜の配給

集会所での会食

遅れて入ってきた他市町村からの入居者にも同様にサービスを提供しました。市の財政で他市町村の方々に夕食のおかずまで差し上げることは、税負担の原則からすれば問題なのですが、「差別して相馬市が笑われるわけにはいかないだろう」という私の考えに、対策本部員全員が賛成してくれましたので、他市町村の方々にも提供しました。

この制度は、仮設住宅入居1年間は入居者全員に、2年目からは18歳以下の年少者と、65歳以上の高齢者および障がいのある方にのみ実施しましたが、平成27年6月まで続けました。

（3）相馬市復興会議と有識者による復興顧問会議（平成23年6月3日～）

平成23年6月3日、第1回目となる復興会議が開催されました。メンバーは災害対策本部と同じです。仮設住宅入居を間近に控えて、長期にわたる仮設住宅での健全な生活と、これから本格的に取り掛かるべき復興の意義・目標と、その意志をしっかり持って進めるための復興計画策定に向けて協議を開始しました。また、復興の考え方、進め方に専門家からのアドバイスと客観的な事前検証を頂くため、それまで相馬市と縁のあった有識者による復興顧問会議を立ち上げました。

この計画策定にあたり、第一回復興顧問会議に示した私が描いたイメージ図があります。6年経って振り返ってみ

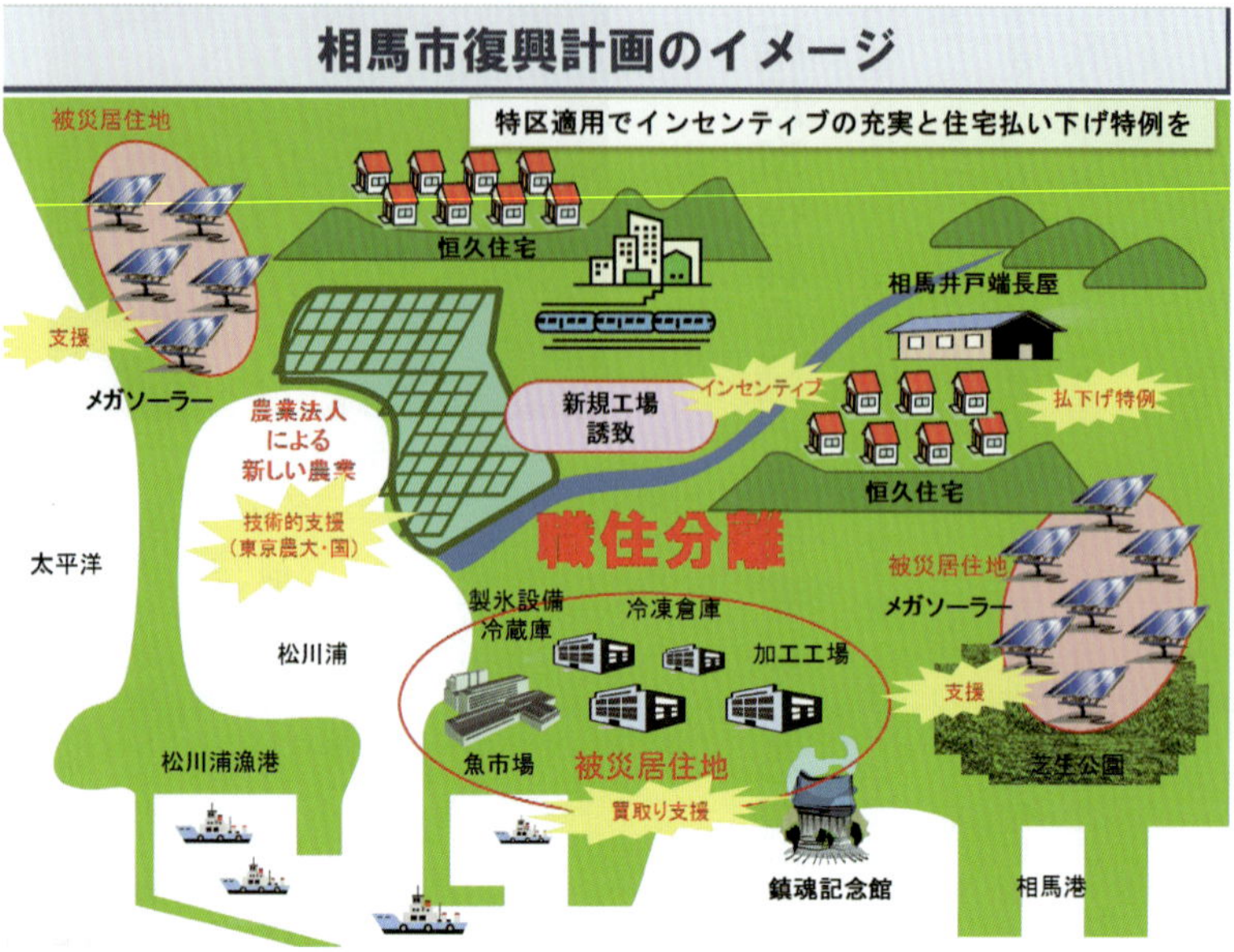

第１回相馬市復興会議
（平成23年6月3日）

て、大体イメージどおりの進捗になっていますが、市職員たちのねばり強い奮闘と国や友好団体の支援。そして、何より市民の団結力に私自身改めて驚き、頭の下がる思いです。

市長メールマガジン 2011/06/12 発行

essay

(4) 相馬市復興計画

6月3日、今後の相馬市の復興の方向性を協議するために「相馬市復興会議」を立ち上げ、議論すべき課題を検討項目として私なりに整理して提示した。ただ現段階で、3年後、5年後の被災地の姿や、被災した方々の望ましい生活像を描き切れるかといえば、かなりの無理がある。国の制度を変えないとどうしても進めない部分もあるし、何より財源の見通しが立たないと夢話に終わってしまうから。

この3カ月、被災による健康や精神へのダメージを最小限に抑え、また原発など二次的な被害から地域を崩壊させないことを最優先に対策本部を運営してきた。次々に発生する難問に、ひとつひとつ丁寧に、迅速に対処するため、市役所はじめ市民が一丸となって頑張ってきた結果、少なくとも対応の遅れで死者を出すことは無かった。特に対策本部員はほとんど休みも取らず、よくやってくれたと思う。

被災して間もないころに政府が立ち上げた復興会議には、当時、正直言って違和感を覚えた。少なくとも震災後一カ月までは目先の直面する課題解決に夢中で、彼らの議論の中身が、我われには遠い国の話のように思えたのである。

今回の震災は規模が異常に大きく、またそれぞれの被災市町村によって状況がすべて異なる。何より、「元に戻せば復興」とはいかないことが大きな特徴であり、それぞれの地域特異性ゆえに復興の定義も多様である。多かれ少なかれ、何らかの原発被害を受ける本県の各市町村と岩手宮城では、全く違ったプロセスで復興が進むだろう。また本県の中でもそれぞれの市町村によって、被害の実態も、復興に対する考え方もすべて異なる。相馬市のことは相馬市でなければ決して分からないのだから、自分たちで脳みそに汗をかきながら復興計画を練り上げ、育て上げていくべきである。政府の復興会議は被災市町村と緊密に連携しながら、現実を踏まえて復興策を議論すべきだと思う。

第１回相馬市復興会議

大津波による大規模被害の最大の特徴は、復旧が決して復興にならないことだ。相馬市でも被災地にある程度の居住制限をかけたうえで、新たに生活の場と産業を再構築していかなければならないのだが、津波で瓦礫の原となった被災地の将来的な扱いについては、我われだけの知恵と体力だけでは如何ともしがたい。この際、職住分離が基本的政策になるが、被災地を職業領域やソーラーなどの生産基盤にしようにも、公用地として土地利用を進めなければ、いずれ住民の財産権と衝突することになろう。だからといって被災市町村にとって、集団移転促進事業法律（S47）で定める25パーセントにもなる土地買い取り料負担は困難だ。せめて負担を10パーセント以下、できれば5パーセントに抑えられる交付金が必要である。

実現できれば被災者の生活支援にもなる。

住居については高台移転が無論望ましいが、現段階では移転の絵は描けても、その後の人生設計までは企画できない。高台に作った災害公営住宅を将来（7・5年後）安価に売却することができないのだ。この点は大震災復興特区で制度の壁を突破できるよう国に要請していきたいと思っている。

もうひとつ重要なことは、復興に至るまでの長い道のりをマネジメントすることである。どんな立派な復興計画をたてても、途中で孤独死や自殺者を出したのでは情けない。だから復興計画には最終の姿に至るまでの管理計画も含まれる。仮設住宅での健康管理、孤独死防止、子どもたちのPTSD対策、瓦礫撤去の際の作業員の健康管理、地域経済活性化、放射能問題対策など予想される多くの課題についての対策も当然復興計画の一部である。これらの問題をのり越えてはじめて復興のステージに立てると考えれば、おのずから中心テーマは被災した市民の生活再建ということになる。多少おおげさかも知れないが、私が考えるに、何をもって「復興」を定義するかと言えば、それぞれの世代で被災者の人生設計が可能になることではないだろうか。

子どもたちの将来のために充分な教育体制を築き、孤児・遺児には生活支援

被災者の健康診断

供するこ と。

をしながらしっかり育てること。特に単独世帯をはじめとするお年寄りには、安心な生活と医療介護体制を提

青壮年の世代には産業の復活と雇用の確保。

これらの大きな課題を達成するために、瓦礫を撤去して土地利用を図り、安全で安価な住宅を提供し、また漁港や農地を復旧するのだ。さらに、土地利用の知恵を縛り、住宅取得の無理のない方法を考え、漁業や農業の新しい経営方法や事業形態を生み出し、それぞれの年齢層で将来像が描けるようになるために、ハード事業を細心の注意を払って展開していこうと考えると、復興計画の意味が見えてくるようになる。

また、復興計画は今後発生するであろう新たな問題や、国の対策の規模、範囲、深さ、きめ細かさの如何によっては当然変化と進化をすべきものである。

相馬市はここ数年私のマニフェストを、市が認証を受けているISO9001に基づいて、PDCAサイクルを廻すことによって実現する手法を用いてきた。今回の復興計画も2011バージョン1として作ればよいのだ。来年はPDCAサイクルによりバージョン2として進化させればより実効性のあるものができるだろう。

過去に認証を受けたISO14001の精神や手法も、環境影響を最小限に抑えるために役に立つに違いない。ISOを展開するのに必要なことは軸（理念）がしっかりしていることである。復興にあたって軸は、「それぞれの年齢層での人生設計が描けるようにソフト事業を。そのためにハード事業を適切に実行」ということにな

るが、新たな課題の解析と対応とか、達成度のチェックとか、手法の見直しとかを相馬市が慣れ親しんだやり方で自信を持って目的達成に走ればよい。

計画立案にあたり、客観的な評価とさらなる知恵を求める目的で復興顧問会議を置き、各界の有識者に顧問にご就任いただいた。座長には早稲田大学マニフェスト研究所の北川正恭教授、ほか東京農大学長の大澤貫寿氏、元国交省技監で現在国土技術センター理事長の大石久和氏、元国税庁長官で現在日本損保協会副会長の牧野治郎氏、東大医科研の上昌広特任教授、ローソン社長の新浪剛史氏、難民を助ける会理事長で立教大学教授の長有紀枝氏。相馬市においでいただいたことのある方のなかで、私が私淑する7人の有識者にお願いしたところ先生方には快くお引き受けいただいた。我われの立場に立ってご議論いただけるものと期待をしている。

北川正恭教授

これから各課題の具体策な方法論と、財源根拠の精査に入るが、7月中にはバージョン1―1を、顧問会議のご指導を得て、市民と相馬市の支援者の皆さまに提示したいと考えている。その際ホームページにアップするので、特に今回の震災で相馬に支援においでいただいた方や、遠くから寄附を寄せられて間接的にも今日までの復旧・復興作業に参加された善意の皆さまからも、広くアドバイスをいただければ有り難い。

（5）はらがま朝市クラブ

津波被害で漁港と漁船を失い、さらに原発事故による魚類への放射能汚染により仕事を失ったのは、漁業者たちだけではありませんでした。魚類の仲買業者、加工業者も営業停止に追い込まれていました。

その仲買業者の有志の人たちが市長室を訪れ、全国の漁業関係の支援者から海産物を集めて、毎週日曜日に朝市をしたいので場所の提供をお願いしたいと申し入れに来ました。

そこで私は、どうせするならＮＰＯ法人にして継続的に運営したらどうかと提案しました。その後、ＮＰＯの認可を取り、魚類の朝市だけでなく、復興を目指して海鮮丼などの浜料理を出す食堂を経営するようになっていきます。

仮設住宅の生活は、老人などの災害弱者にとっては、食材や日用品の買い物が困難な環境になりますので、はらがま朝市クラブのメンバーにリヤカー販売での商品提供をお願いしました。販売員は別途募集することにしましたが、多くの漁師の奥さんたちに参加してもらいました。

はらがま朝市

そして、リヤカー販売のもうひとつの大きな目的は、対面式の声掛け販売によって孤独死防止に一役買うことです。

今では、相馬市の仮設住宅はほとんど取り壊し終わりましたが、飯舘村や南相馬市ブロックは未だ残っていますので、今日もリヤカー販売を続けてもらっています。

市長メールマガジン 2011/08/08 発行

essay

⑹ リヤカー

私の母は相馬市街地近郊の農家の娘。お八重ばあちゃんはよく働く人だった。近郊農家だから、リヤカーを引いて裏の畑で採れた野菜売りに出かけた。その荷台にちょこんと乗って、私が育った漁村の原釜とは違った町の風景を、恥ずかしいような気持ちで見ていた。ばあちゃんは話好きで、待っていてくれる商店街のお客さんとの世間話が止まらなかった。中村田町と宇多川町の間にあったホーライ食堂もお客さんで、よく売れた日はリヤカーを停めて肉うどんを食べさせてくれた。ばあちゃんは私がうどんの汁をすすり終わっても話に夢中だった。

そういえば、原釜にも三角なっとうを自転車で売りに来る人がいたし、豆腐はリヤカーだったように思う。母に言われて、ボールを持って豆腐を買いに走った私のお手伝いを、おばちゃんが褒めてくれた。50年前の相馬は、町も浜も時間がゆっくり流れていて、会話と笑顔にあふれていた。私の醤油屋も工場や店の出入り口にいちいち鍵など掛けなかったし、ほかの家々でも開けっ放しだった。

津波直後はがれきの原だった原釜が、がれき撤去が済んで無機質な平地に

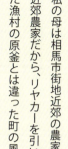

なってしまうと、思い出すのは子どもの頃の記憶ばかりだ。でも被災直前まで、人びとの会話や笑顔は昔のままだったし、鍵をかけない習慣は今でも当たり前のことだった。浜に住んでいる人びとは家々の家族構成はもちろんのこと、それぞれが何をしているかも大抵知っていた。

今、都会では無縁社会と言われ、経済成長時代以来にできた、個人生活重視の文化的住居ゆえの孤独死が社会問題となっている。それに対し、今回被災してがれきの原となった原釜も尾浜も磯部も、人びとの絆という点では、集落のコミュニケーションが豊かな地域社会だった。今回の災害対策で私が最も感心し、そして合点したことは避難所の整然とした気配り社会である。およそプライバシーとは程遠い空間での生活を、長い人で3カ月も辛抱できたのは、諍いを生じさせなかった彼らの賢さゆえである。避難所を集落単位で指定したことを、思いやりと励まし合いにおいて活かしてくれた。仮設住宅にも集落の形態を保ったまま移住してもらったが、行政支援員として集会所単位で選任した組長さんや副組長さんのもとで、思いやりを交わしてくれるに違いない。

ただ、問題は相馬市以外から仮設住宅に入居する方々を、どのようにコミュニケーションの輪に組み入れるかということである。例えば飯舘村長さんから依頼された164世帯については一つのブロックに入ってもらい、組長さんと副組長さんに私の考えを話して理解してもらった。もちろん生活物資の配給や、避難所支援のサービスなどは組長会議を通して相馬市民と同様にさせてもらう。しかし飯舘村からの入居者のように地域コミュニティーが最初から組めるところは心配がないのだが、さまざまな市町村からの入居者で仮設所集落を形成せざるを得ないブロックがどうしてもできてしまう。知らない人たちどうしのコミュニティーをどのように作るか？最低やらなければならないことは、災害弱者支援、つまり身体・精神障害者の方々への支援、要介護老人世帯への気配り、それと災害によって独居世帯となった方々への支援と気配りである。少なくとも平成23年度は、これらの方々をはじめ希望する入居者全員への夕食の配給を続けるつもりだが、そのほかの災害弱者への生活支援なども相馬市民同様に行いたいと思っている。ただし、ふるさと自治体との調整も必要だ。

相馬市としては、出身自治体を問わず、仮設住宅からの立ち上がりを迎える日が来るまで、1、500戸の方々全体を一体として、均等にサービスを展開したいと考えている。例えば健康維持については負担金なしで一般健診を全員に受けてもらいたい。また買い物支援や孤独死防止なども、全体に網をかけての配慮が必要だ。

この点について、冒頭書いた私の子どもの頃の記憶で恐縮だが、リヤカー引きの戸別販売を考えてみた。16カ所できる集会所にそれぞれ一人の割合で、リヤカー引き販売員を行政支援員として臨時雇用して、仮設住宅の一棟一棟の間を通って訪問販売をする。雇用対策も兼ねるので一日8時間週5日勤務とするが、販売以外の時間は障害者の方々へ、たとえば洗濯などの生活支援をしてもらう。

募集したところ、お八重ばあちゃんのような話し好きな浜の女性たちが集まってくれた。小さかった私が乗った鉄と板でできたリヤカーを相馬市いっぱい探したが、もう何処の農家にもなく、スタイリッシュなステンレス製折りたたみ式となった。始めて一カ月になるが、最初の計画とは違い二人ひと組で廻っている。その方が会話が弾んでいいのかも知れない。

（7）平成23年度相馬野馬追

相馬野馬追は、旧相馬藩領で700年にわたり行われてきた旧相馬家の軍事訓練を兼ねた神事です。総大将が相馬中村神社を出陣して、翌日、南相馬市の雲雀ケ原競技場に全軍終結し一連の行事を行い、翌々日は小高神社での野馬懸けの神事で締めくくります。

平成23年度は雲雀ケ原競技場が緊急時避難準備区域、小高神社は避難指示区域となっていたために、全体行事はできませんでした。

総大将出陣　大手門前

しかし、『震災に負けずにこの伝統を続けよう』という相馬市と旧鹿島町の騎馬武者たちの思いが強く、また第33代相馬家御当主相馬和胤公の願いでもあったため、相馬市内だけで騎馬行列を行いました。

翌年には、全軍参加の野馬追を執り行うことができたことを考えれば、相馬の騎馬武者たちの思いにより、連綿と続いた伝統行事を継ぐことができたことは有意義でした。

この年の野馬追は被災地の復興の覚悟を示すものとして全国に報道されましたが、原発事故により日本中に避難している旧相馬藩領内（相馬市から富岡町の一部）の住民に大きな希望を与えることができたと考えています。

essay

（8） 彩音さんの決意

9月10日のこと。津波の犠牲者を悼むために市が主催した慰霊祭で、遺族代表として祭壇に語りかけた磯部中学校二年生、阿部彩音さんの言葉に会場全体が胸を打たれた。彩音さんは副分団長だった健一さんの長女。被災して間もないころに避難所でお会いした、健一さんのお母さんの凛とした気丈な決意を以前にこのメルマガで紹介したが、娘さんからも私は大切なことを教えてもらった。

「集落の人々を救おうとして殉職した父を私は誇りに思います。父のように人の役に立てる大人になりたいので、勉強をして大学に進み、将来は保育士になりたい」

いままで何千と聞いた追悼の言葉のなかで、これほどに死者を労わる気持ちに接したことは無かったように思う。天国の健一さんが最も望むこと、つまり我々大人たちが何を目標に復興に取り組まなければならないかを、14歳の少女に教えてもらったのだ。

いま、福島県は厳しい状況にある。津波被害を乗り越えても、原発による県全体への風評被害や健康不安など、いつ果てるとも知れない戦いが続くことになる。震災復興と放射能問題のふたつの課題に直面する相馬市も、福島県の一員としての長期戦を覚悟しているが、彩音さんの言葉に、長い峠の坂道の向こうにぽっかり浮かんだ白い雲を見るような思いがした。健一さんら消防団員たちの子どもだけではない、相馬の将来を担う子どもたち全員の成長こそが希望なのだ。

震災孤児等支援金支給条例をつくり世界中に支援を呼びかけたのは、被災して間もない4月のことだったが、あのころの私は親を失った子どもたちを、先ずは経済的に支援することを考えていた。支援とは、生活の支援金と進学のための学資の全額支給だった。お蔭さまで、支援の基金は3億1千万円を超えた。4億円あれば、震災孤児遺児に月々3万円ずつ支給し、さらに大学進学の際には入学金と毎年の授業料全額を返還無用の奨学金としてあげられる。寄付者のなかには継続的にとのお考えで、定期的に送ってくださる方もいらっしゃるのでありがたい。亡くなった親たちに代わって心から御礼を申し上げたい。

国内をはじめ世界中からご支援をいただくなかで、しかしながら今回、私は御礼を言っているだけでは済まないということを彩音さんから教わった。彼女に大学進学の学力をつけさせるように、教育しなくてはならないということである。子どもたちが相馬の将来の希望なら、その子どもたちを目いっぱい教育することこそが我々のできる最大の地域振興策なのだ。

9月議会の最終日、急な提案で議会の皆さんにはご迷惑をお掛けしたが、新たに教育目的基金、「相馬市教育復興子育て基金条例」を満場一致で可決していただいた。もちろん基金のすべてを学力向上のために使わせていただく。たとえば、相馬に行って子どもたちの勉強を見てやりたいという優秀な大学生がいたら、旅費宿泊費などに充てたい。子どもの可能性は無限大だ。だから使い道は山ほどある。

彩音さんの大学入試まであと4年。どのような成果を出せるかで我々の地域振興策が問われる。

市長メールマガジン 2012/02/28 発行

essay

（9）相馬井戸端長屋

震災直後の避難所の暮らしは、プライバシーが保てないという大変な苦労はあったものの、反面、例えば同室の他人の息遣いまでが聞こえてくる、言わば究極の見守り社会だった。また、それぞれの避難所で自発的にリーダーを立て、ほとんど諍いを起こさせないで3カ月も耐え忍んだことも驚きだった。市の職員を避難所ごとに張り付けてトラブルを未然に防ぐ工夫はしたものの、共同生活を大過なく過ごすことができたのは、コミュニティーを自然発生的に作った賢明さだったと思う。6月17日、全仮設住宅の完成を機に避難所を一斉閉鎖したが、我われ対策本部としては、一世帯ごとにバラバラになってせっかくの見守り機能がなくなることを怖れた。震災によって単独者世帯となった高齢者の方などは、孤独死予備軍と考えられるからである。

避難所が小社会となって、リーダーを中心にまとまっていった被災者の方々の知恵と社会性は素晴らしかった。この秩序を仮設住宅での暮らしにも活かしていくために、全部で1500戸にもおよぶ所帯を集

相馬井戸端長屋
（平成24年5月2日完成）

会所ごとのブロックに編成することにした。集会所は15カ所あるから、1ブロックを平均100世帯の小集落に見立て、まずブロックごとにリーダーを決め組長と呼ぶことにした。次に組長のアシスタントを選び組長補佐とした。組長と補佐は、行政からの連絡係を始め、支援物資の配分や小集落内の清潔管理、果ては対策本部への要望の取次など、必要な仕事を山ほど処理していった。しかし高齢者の単身世帯への気配りや生鮮食品の配給などは、人口200～300人に及ぶ集落の隅々までは手が回らないので、一つひとつの棟（5世帯）ごとに代表者を立て、戸長と呼ぶことにした。組長も補佐も戸長も、対策本部の作業の一部を担ってもらうことになるので、行政支援員として、僅かな時間ぶんで恐縮だが臨時雇用とさせてもらった。

相馬市流のマネジメント体制ができたので、まず津波によって単身世帯となった高齢者を、一日に一度は集会所に集まっ

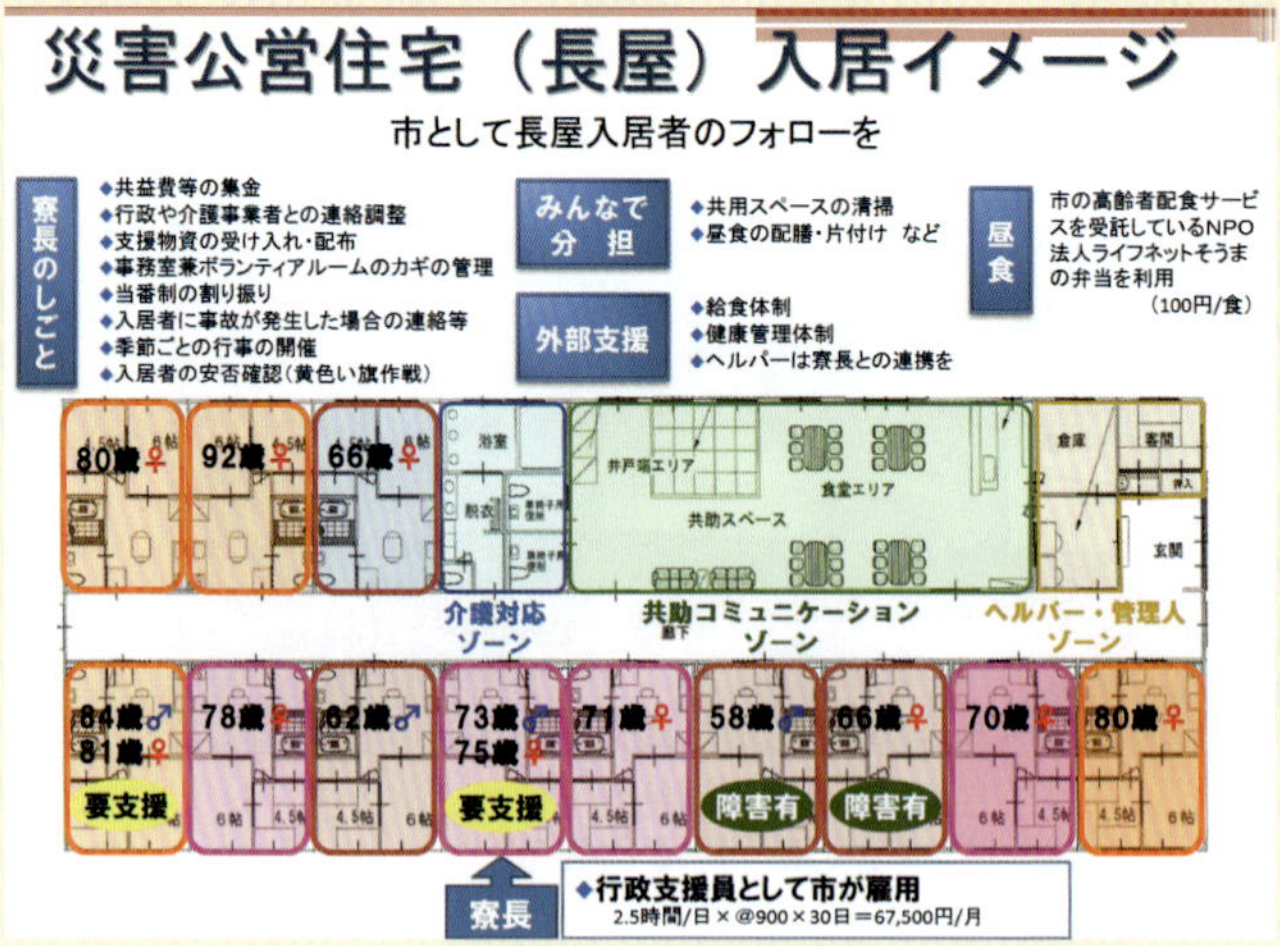

て食事をしてもらうことを考えた。見守るのは組長さん。一日一回の食事（夕食）は避難所の給食システムをそのまま流用した。また一般の仮設住宅入居者にも夕食のおかずを2品配給することにした。こちらは主に戸長さんの仕事である。一緒に食事をとるか、また配食を受けることでコミュニケーションと安否確認をしている。夕食の配食は、実は費用がかかるので苦労している。年間約2億円もかかるのだ。相馬を訪れた国会議員の先生方のほぼ全員が、この方式を「いいことをやっているねぇ」と褒めてくれたが、残念ながら未だ補助対象となっていない。24年度からは自立を促す意味でも、孤独者と子どもや高齢者などの災害弱者のみに限って継続してゆく。その際やはり組長戸長体制がものを言う。その人件費は、「絆」事業を活用してきたが、24年度からもこの事業が続くことがやっと決まったので、勿論、組長戸長体制を継続させることにする。

共有スペース
（食堂エリア）

去年の9月の暑い日、小田原市の老舗の蒲鉾屋さんから４０００人分の蒲鉾が届いた。送ってくれたのは「鈴廣」のばっちゃん。私に、「うちのは新鮮だから腐りやすいけど、大丈夫かねぇ?」「ばっちゃん、大丈夫。2時間もあれば配れっから」。事実、当日中に全世帯配布となったが、組長、組長補佐、戸長さんたちの連係プレーの成果である。また、支援物資が世帯数ぶん足りない時は、組長会議で分配方法を決めることにしている。最近は私も出来るだけ組長副組長会議に出させてもらって、今後の地域再生についてのこちらの考えを理解してもらい、また現場の様子も伺うように努めている。仮設住宅の中の住民同士のコミュニケーションは勿論だが、対策本部と現場の意思の疎通も大切だ。

24年度は、震災後一年間の経験と反省を踏まえ、被災者の方々への健康管理や将来計画に対する支援を強化していきたいと考えているが、同時に仮住まいからの離脱を少しずつでも実現していかなければならない。集合住宅や、小さいながらも一戸建て復興住宅の早期建設に取り組んできたが、こちらも新しい集落を作っていくことになるので、組長戸長制度に準ずるコミュニティー社会を企画することが必要である。

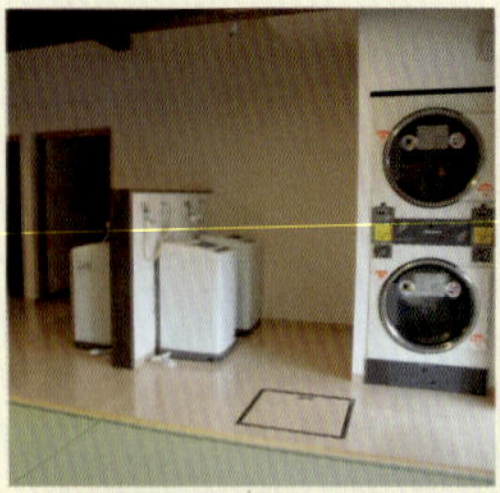

共有スペース
(ランドリーエリア)

このうち集合住宅の第一棟となる、相馬井戸端長屋が3月に完成し4月から入居するので、仮設住宅からの旅立ちの第一陣となる。とは言っても社会に向かって大きく羽ばたくというよりは、今回の震災で孤独者になった99人のうち、特に高齢者の人たちがお互い見守り合って、共助の精神で老後を過ごすシステムとして考えたものだから、ある意味では一般的な高齢社会対策になるかも知れない。

この長屋は12世帯で、一世帯当たりの面積が12坪。それぞれにトイレと風呂と台所を備えるが、洗濯機を置く

共有スペースで一緒に食事
（平成27年3月12日）

スペースは設けなかった。昔の長屋生活が井戸を共用していたように、洗濯機は共有スペースに3台置いて、共同で使うことにする。近くに、畳の小上がりスペースも作ったので、ここで会話が弾んでくればいいと思う。また共同食堂を大きめに作り、一日に一回は入居者が全員集まって同じ食事をとってもらうことにする。昼食代を一食150円程度と考えているが、調理および配達は「NPO法人ライフネットそうま」で担当してもらえる。このあたりは、相馬市復興顧問会議座長の早稲田大学の北川正恭教授のご指導をいただいた。給食を一緒に食べる際や、共有スペースの掃除などの共同作業も出てくるので、仮設住宅で学習した組長制度に倣い「寮長」を置くことにした。

また、入居される高齢者の方々が要介護状態になった時のことを考えて、介助を受けることを前提に身障者用のトイレ、浴室を別途つくり、全館ユニバーサルデザインとした。こちらは来客も使うし、またイザというときは共有スペースをボランティアの活動拠点とする（震災ではボランティアの方々の宿所確保に実に苦労した）ので、最初から使い込んでいく必要がある。入居者が70代から80代の方々で占められることを考えれば、10年先には軽度の要介護状態になる可能性が十分あるし、その時に「この住宅では要介護状態に対応できないから老人ホームに入らざるを得ない」という事態に対し、ギリギリまで踏ん張れるようにと考えた。ゆえにヘルパーさんの事務室も玄関わきに作っておいた。

この考え方で入居者を選定し、10年後の入居者の身体的衰えに対応する運営方法を今から企画するために、若い30代40代職員からなるプロジェクトチームを編成してシミュレーションを始めてみた。震災対応は実は息の長い話で、10年後のみならず、20年先、30年先という予測も必要だから。

シミュレーションの途中でチームに新しい考えが浮かんだ。10年先に要介護状態の人が出た時の、見守り助け合いの仕方をいちいち想像するよりも、最初から要介護老人を入居させたらどうだろうということである。調べてみたら、今回の震災で単独世帯となっている老人二人世帯が18世帯、また身障者の方は188人もいることが分かった。

よって最初の入居世帯の内訳は、要支援の方がいる老々介護世帯を2世帯、身障者の方を2世帯入れて始めることにした。従って最初からヘルパーさんに来てもらうし、身障者用の共用トイレも浴室も使うことにした。

私はかねがね、老々介護の片方が亡くなって老人単独世帯になったとき、一人暮らしの不安や不自由さゆえ老人ホームの需要が増えるとしたら、見守り体制だけでも整えておけば住み慣れた自宅での生活を維持できると考え、集落のヤングオールドの方々による声掛け訪問部隊「NPO法人ライフネットそうま」の支援に努めてきた。相馬井戸端長屋は、寮長さんを中心に長屋の中でこの考えを毎日実行するものである。

毎日の生活自体を共同作業にして、寮長さん中心に一日一日の日課をこなし、さらに週間予定、月間予定、年間行事を入居者どうしが協力して実行できるように、市役所がお手伝いしようと考えている。

三月末に完成予定の長屋第一棟は、世界的な石油化学メーカーであるダウ・ケミカル社から寄贈いただいた。相馬市の公共建築物のルールであるソーラーシステムを備えた、しかし外観は相馬藩の城下町を連想させるようクラシックな風情である。同社のご厚意に拙稿から改めて感謝を申し上げるとともに、しっかりとした復興をもってお応えしたい。

（10）災害廃棄物中間処理業務の開始（平成23年10月28日〜）

がれきの処理は震災復旧の基本中の基本です。津波により発生した大量のがれきに加え、地震で倒壊あるいは解体した家屋や建築構造物の処理は急を要する事業でした。

しかし、問題は震災直後の原発事故により空中に飛散した、セシウムをはじめとする放射性物質ががれきに付着していることでした。いずれ焼却するとなれば、煙で飛散する二次災害の懸念もありました。当初は環境省のがれきの放射能汚染に対する対応方針が決定されず、宮城県や岩手県に比べて大幅に遅れていました。

しかし、手をこまねいているわけにもいかず、がれきの処理方策をプロポーザル方式で募り、行政区長や商工会議所会頭などの有識者から成る選定委員会で決定するという方法で進めていきました。

がれき処理施設の立地場所としては、津波ですべて流された磯部地区を考えましたが、松川浦への風評被害も懸念されたため、工業団地の東地区の中小企業基盤整備機構の保有する10ヘクタールを無償でお借りして処理を進める方針を立て

ました。周辺地区の住民の理解に加え、東地区に立地するハクゾウメディカル株式会社、ダウ・ケミカル日本株式会社、エム・セテック株式会社、株式会社谷沢製作所、株式会社東北三之橋、吉野石膏株式会社、チヨダウーテ株式会社の各企業からの大変温かいご理解をいただきました。

平成23年６月10日、災害廃棄物中間処理業務をプロポーザル方式で公募開始しました。続いて、６月30日と７月８日に行った業者選定会議でヒアリングに続いて各自が採点を行い審議した結果、株式会社フジタが優先交渉権者と決定しました。その後、環境省の許可を待って、中間処理事業の作業施設の工事に入りました。

10月28日、２年間にわたる中間処理事業が開始されました。やがて、仮設焼却炉の建設・稼働と進んでいきますが、隣接集落の市民はじめ近隣の企業の理解が一番の推進力となったと思っています。

essay

（11）頑張る家族の肖像写真

全日本写真連盟（全日写連）の事務局長の朝日氏らが市役所に支援の相談に見えられたのが7月のこと。たまたま私が20年来の会員だったので、被災地としてはどのような支援が必要か？また全日写連としては是非被災地支援をしたいので知恵を貸してほしいとのお話だった。

最初、朝日氏が考えておられたことは、買い物支援のバスを数回出して、お年寄りの足を提供したらどうだろう？というような話だった。相馬市では既にリヤカー部隊での戸別販売を始めていたし、継続的にしていただかないと意味がないと申し上げてご提案を丁重にお断りしたが、そこは写真好きの仲間どうし、写真談議をしているうちにすぐに打ち解けた。

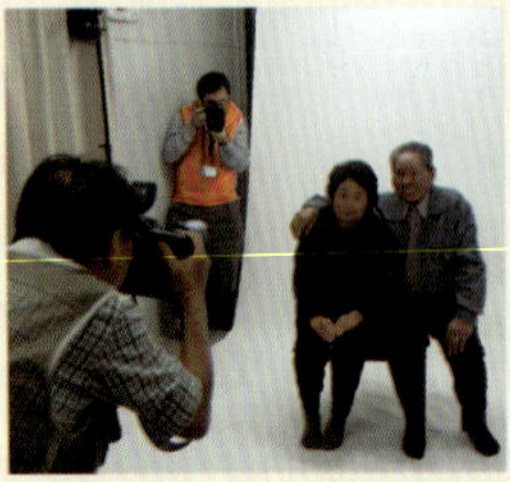

話せばいろいろなアイディアが生まれてくるものだ。「会員はねぇ、どちらかというとシニア世代が多いので、がれきの運搬や泥運びのような力仕事ができなくてねぇ。でもねぇ、みんな何かの役に立ちたいと思っているのですよ」「じぁ、皆さんの得意な写真を撮ってくれればいいじゃないですか？」「まさか報道写真じゃあるまいし、避難されている方にレンズを向けて失礼になってもいけないし」「記念写真ならどうでしょう？それも素人では撮れない写真館のような写真をプレゼントするというのは如何ですか？できたら被災地に希望を与えるような。力を合わせて頑張る家族の

写真というのはどうですか？」「写真で被災地支援ができるのなら願ったりですが、でもスタジオセットが組めるような場所はありますか？」「集会所を使って巡回しながらという手はあると思います」

このあたりから朝日氏の表情がだんだんと明るくなってきた。「それだったら、カメラメーカーの協力を取り付けて、そうだ照明器具やプリンターのメーカーにも話して・・・」

こんな具合で全日写連主催による仮設住宅集会所スタジオ撮影会計画、「頑張る家族の肖像」撮影プロジェクトがスタートした。朝日氏らの声掛けにより協賛を申し出てくれたのが、ニコン、エプソン、山田商会などの写真機材メーカーや、プロフォト、銀一、高橋カメラなどのスタジオ関係の有名企業。またハクバ写真産業やセキセイからのアルバム提供も決まった。ほかに資生堂のお化粧のプロの方が毎回相馬まで出張してきて、被写体になる女性たちをキレイに仕立て上げてくれるという。撮影は基本的には全日写連の会員カメラマンが担当するが、最初の2日はプロ写真家の田沼武能、榎並悦子両先生にボランティアで撮影していただけることも決まった。

11月5日の初日、柚木仮設住宅の集会所は東京から駆け付けた協賛企業の担当者や福島県の全日写連の役員、それに相馬写友会のアシスタントメンバーに囲まれた7組のモデルさんたちで大賑わいとなった。撮られる方々はじめ緊張気味だったが、そこは田沼先生も榎並先生もさすがにプロ、資生堂に見違えるような美人にされたお母さんたちから上手に笑顔を引き出していく。モデルさんたちの笑顔につられて会場がどんどん明るくなっていく。

渡部近さん夫婦は80歳と76歳。今回被害にあった磯部に生まれて、人生のほとんどを農業で生活してきた。3人の子どもに恵まれ曾孫もいる。10年前に引退し、気さくな奥さんとの老後の平穏な暮らしのなかで、今回の津波に遭って家を流された。お宅の跡地も田んぼも、見る影もない。

手際よくメークされる奥さんを横目で見ながら、うつむき加減に待っている近さんの横顔は、津波の理不尽さを雄弁に語っているように思えた。若いころからコツコツと働いてきた人生の足跡を、一瞬にして奪われた悲しさ寂しさは察するに余りがある。

撮影：
全日本写真連盟会長
田沼武能 氏

メークを終えて少し若くなった奥さんを横目で見ながら、もじもじしていた近さんは、撮影用の椅子に座っても表情が硬かった。こういうときは大抵奥さんのほうがどっしりしているというが、多聞にもれず、照れながらも笑顔を作る奥さんに比べて近さんは気の毒なぐらいぎこちない。被災して8カ月の段階でのこの企画には、やはり無理があったのかと私が思ったとき、撮影者の田沼先生からポーズの注文が飛んだ。「旦那さぁ～ん。ちょっと奥さんの肩もってくれませんかぁ～」「あっ、ハイハイ」恥ずかしがって離れていたふたりだったが、近さんの右手が自然に奥さんを抱き寄せるようになる。すると「父ちゃんに肩に手ぇかけられたなんて、今までにねぇなぁ」会場全体の笑いがふたりの笑顔を作っていく。さすがにプロの技。撮影中も微笑ましかったが、でき上がった作品も、こちら側が幸せな気分にさせられる素晴らしいものだった。ホームページにアップしているのでご覧いただきたい。

この撮影会は150組の家族写真を撮る予定で、年明けまで続く。やがて被災者の生活再建が成ったとき、それぞれの家庭が震災被害に立ち向かった記憶が語り継がれるように、会員一同願って已まない。

(12) ブータン国王陛下

市長メールマガジン 2011/11/21 発行

11月18日。ジグミ・ケサル・ナムギャル・ワンチュク第5代ブータン国王陛下ご夫妻が、ご結婚後初の日本訪問の公式行事の合間をぬって、被災地激励のために相馬市をご訪問されました。前日からメディアでも大きく取り上げてられていたため、相馬市民のみならず各地から、ひと目でいいからお会いしたいとの電話を数多くいただきました。相馬市滞在のご予定の90分のうち前半の40分が桜丘小学校での子どもたちとの交流、後半の40分が私の担当で被災地を視察されたいとのご希望でした。お若くておきれいな王妃を伴ってのご旅行は、日本にも、相馬市にも大きな希望を与えましたが、特に、桜丘小学校の生徒たちには貴重な経験になったと、有難く存じております。こころを込めて練習した小学生たちの歌声を聴いていただいた上に、国王が信条とされている「あなたの心の中にいる竜を鍛え育てよ」という力強い教えを受けた子どもたちの今後が楽しみです。

ブータン国の歴史は決して平穏なものではありませんでした。19世紀までは国内の宗教対立を伴う部族間の抗争が続き、また隣の大国チベットからの圧力にさらされ、小国ゆえの苦労が絶えなかったようです。1907年、それまで地方の有力豪族だったワンチュク家が支配権を確立し、世襲王朝制をとってからの一世紀は統一王国としての統治がなされてきましたが、人口70万人の小国が激変の20世紀のアジアを生き抜くには、先代までの国王のご苦労は大変ものだったろうと推察されます。現に、かつてブータン国に幾度と攻撃を仕掛けてきたチベットは、国家としては既に存在していません。

5年前、国王に即位されたジグミ・ケサル・ナムギャル・ワンチュク陛下はまだ31歳。しかしこの間、立憲君主制への移行という大仕事をすでに成し遂げられています。いたずらに西洋化を進めず、民族衣装を纏いながら、伝統と信仰に生きようとする国家理念は、現代文明に振りまわされてきた我われ日本人にとっては新鮮でもあります。

さて小学校から被災地に向かった国王陛下ご夫妻を、私は松川浦漁港の被災現場でお迎えしました。相馬市長と紹介していただくと、陛下は手を差し伸べられ、私は市民を代表して訪問の御礼を申し上げながら握手に応じましたが、失礼を畏れずに申し上げれば、陛下は実にさわやかな好青年でした。お妃とは仲の良いご兄妹といった感じでした。

はじめ、松川浦漁港の高台から撮影した震災記録動画をｉＰａｄで見ていただきました。組合の市場がコンクリートの柱だけを残して破壊される映像が、いま立っているこの場所で現実に起きたこと、そしてがれきを撤去して一部仮復旧しながらも、獲れる魚に少量ながら放射能が検出されることから、残念ながら漁に出られないこと、あちらで陛下に向かって手を振っている漁師の奥さんたちは、それでも希望を捨てないで仮設住宅で頑張っていることを説明申し上げ、「陛下、畏れ多いお願いですが、彼女らに勇気を与えていただけないでしょうか？」

すると道路の向こうにお進みになり、およそ1メートルの距離まで近づいて陛下がスピーチされました。「私たちは今まで日本から大きな援助と勇気をいただいてきました。この度の震災で被災された皆さんの礼儀正しく統率された姿に感銘し、尊敬の気持ちを持っております。ブータン国と日本は強い友情で結ばれています。私は助け合い励まし合うつもりでここにきました。皆さん希望を持ってください」

1964年に海外青年協力隊としてブータンにわたり、農業の改善に尽くして彼の地に没した西岡京治さんのことをお話になっておられると思いました。Google earth で見るブータンの国土は、山の斜面に幾層にも重なる棚田が美しい。きっと人々の気持ちも美しい国なのでしょう。市民に対して、陛下にこのように言っていただけるご功績を残された西岡先生にも敬意を表したいと思います。

次に尾浜海水浴場の駐車場に移動しました。今ではがれきもすっかり片付いてコンクリートの基礎だけが無機質に続く尾浜地区の被災状況を、A4判のパネル7枚を使って説明させていただきました。印象的だったのはパネルを覗き込むお妃の悲しげな表情です。国王陛下から

常に一歩下がって、ともすれば私より後ろに位置取りをされる控えめな方でしたが、あの方は豊かな方だと思います。この平地になっている住居跡には2000人を超える人々が平穏に暮らしていたこと、そのうちこの地で146人が命を失ったこと、相馬市全体で言えば6000人を超す人々が家を流されましたが、9割の方々は避難をして尊い命を失わずに済んだこと、避難誘導に当たった消防団員の勇気によって多くの命が助かったものの、10人の団員が職務に殉じたことをご説明したとき、陛下は大きくため息をつかれました。「ですから我われ相馬市民は、相馬市が続く限り彼らのことを忘れてはならないのです。5月には、私たちが立っているこの場所で、日本国天皇皇后陛下に被災者のための祈りを奉げていただきました。まことに恐縮ですがブータン国両陛下にも黙とうを賜れないでしょうか？」

陛下がお着きになる前に3人の僧侶の方が、すでにお祈りを済ませた小さな祭壇とカーペットが敷いてありましたが、頷いた陛下はカーペットにお進みになり、私に隣に来るように手招きをされました。そうすると私はお二人の間に割って入るようになるので、さすがに遠慮申し上げたいと思いましたが、お妃も当然のように離れて私の場所を空けるので、已む無く私が中央の位置取りになる形での黙とうが始まりました。

僧侶の方がお経を唱えながらの数分間でした。私はいつものように、亡くなった親戚や知人の顔を思い出しながら合掌しましたが、もう一つはお若い国王ご夫妻のこれからの人生に、幸多からんことを祈らずにはいられませんでした。

やがてお別れの時間となったので、私は絶版となった「そうま駒焼」の一対の湯飲みと、相馬市災害対策本部発行の「中間報告」を記念に差し上げ、「お幸せな人生を」とお二人に申し上げてお送りしました。

私はお二人のひた向きさに、大きな勇気をいただいたような気持ちでした。子どもたちも市民も同じような感慨をもってくれたのではないかと思っています。将来にむけての相馬市の復興は私たちの仕事ですが、ブータン国の今後において、陛下にはどうか勇気をもって立憲君主国家のリーダーとして困難を乗り越えていただきたいと願って已みません。

（13）防災集団移転についての意向調査と被災住民との協議（79回にわたる徹底協議）

津波被災者の生活再建のために、住居の再建は基幹的な事業でしたが、平成23年6月に復興計画の基本方針をまとめた段階で、住宅が流出した被災地での住宅の再建はしないという方針を固めていました。

もしも、津波の来襲時刻が深夜で寝静まった明りのない状況だったら、はるかに多くの犠牲者が出ていたただろうとの考えが対策会議の基本的認識になっていました。また反面、日中の仕事をしている時間なら、避難呼びかけと避難道路などの整備を前提に、津波被災地での土地利用は可能と考えました。

土地利用や復興事業に関する説明会
（平成23年11月11日）

漁港や荷捌き、また夏の海水浴などのための沿岸部の土地利用は、寝泊りをしないという条件で進めざるを得ないのです。津波対策としては、市役所からの無線操作で危険を知らせるスピーカーの整備に着手しました。

平成23年8月18日を皮切りに、市として津波危険区域には住宅建築を認めない旨の条例の説明会を行い、理解を求めました。また土地を確保して災害公営住宅を造るためには、被災住民一人一人の人生の再建計画を把握する必要がありました。

国土交通省の補助事業により、平成23年9月20日から一戸ごとのアンケート調査を開始しました。これは、国土交通省のメニューにのった形で実施したのですが、案の定、回収率が60パーセント台で有効な情報とは言

被災者を訪問調査する筆者
（平成 23 年 12 月 5 日）

えませんでした。

やはり、被災者の今後の人生設計を拝聴するのに、コンサル会社を頼るのは無理がありました。我々市役所自身が足を使って汗をかかないことには、情報収集もままならないと考え、市職員が二人一組になってじっくりと話を聞かせてもらう方法を取りました。私も三軒まわりましたが、相手のお宅を訪問して腰を落として、相手の立場になって話を聞くべきだったのです。12月に行った全職員による個別訪問で、被災者の方々の人生再建に対する考えの概略を掴むことができました。

その後は、土地の確保や、宅地造成の仕上がり予想と被災者のご希望の調整が必要でしたが、平成27年3月まで合計79回の話し合いを持つことになりました。

(14) 国連でのスピーチ(舞台劇HIKOBAEの国連公演)(平成24年3月12日)

震災から一年後となる平成24年3月12日。舞台劇「HIKOBAE」が国連の小劇場で上演されました。この舞台劇は震災後の相馬市を舞台に、殉職した消防団員の懸命の活動と病院職員や市民の頑張りをラブストーリー(これはフィクションですが災害部分は記録を基にノンフィクション)を交えて詩情豊かに描いたものです。相馬市民と親交のあった映画監督塩屋俊氏の、脚本・監督による作品でしたが、国連の事務総長だった潘基文氏と西田恒夫国連大使のご理解により、国連公演が実現しました。東日本大震災で世界中からご支援を戴いた相馬市としては、御礼を申し上げる絶好の機会でした。私も英訳してもらった感謝の言葉を丸暗記のうえ、相馬なまりの英語でスピーチ。

「周囲の人々の何気ない温かさに包まれて暮す幸せが身に染みました。復興を果たした新しい相馬市は優しさに満ちているでしょう」。各国の外交官150人を前に、小心者の私にはこれほど緊張したことはありません。

しかし塩屋監督が率いるキャストは、主演の趣里さんや鈴木亮平さんをはじめ一流の俳優さんたち。セリフは英訳されてスクリーン後方に投影されていましたが、迫真の演技とは言葉では無いのだと分かりました。多くの涙ぐむ方々からお気持ちを戴きました。

国連公演の後、ニューヨークのブロードウェイでの公演も盛況でした。

帰国して天王洲アイルの銀河劇場での公演を終えて、相馬市内の「はまなす館」での公演は、市民に無料で公開されました。

塩屋監督の計らいで、殉職消防団員の全ご家族が招待されました。

私が驚いたことは、ご家族が10人の遺影を胸に観劇していたことです。劇団員たちは、国連以上に緊張したと言います。この時私も亡くなった消防団員たちのために顕彰碑を建立することを心に決めました。

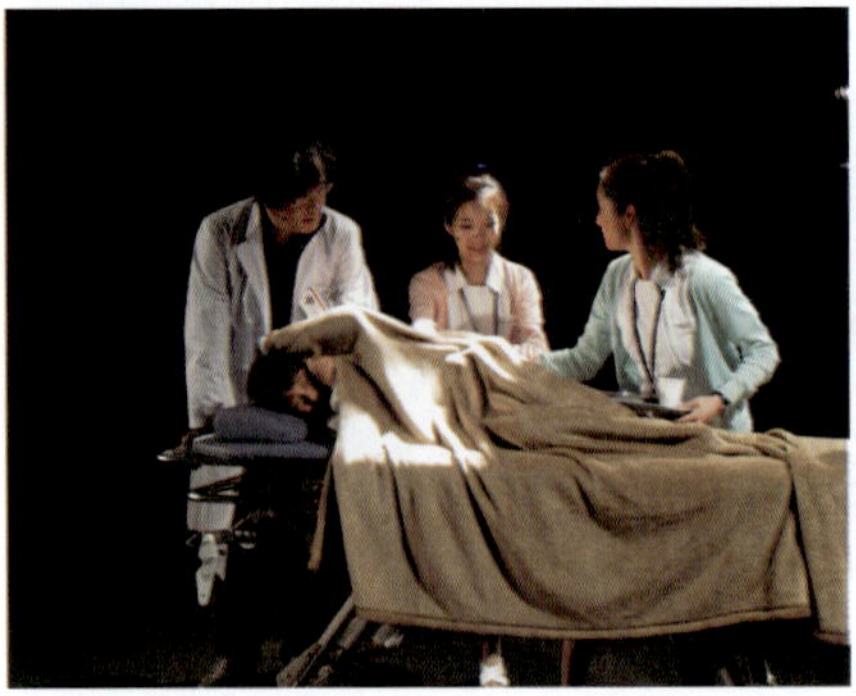

舞台『HIKOBAE』で医師役を演じる塩屋監督（左）

（平成24年3月31日相馬公演）

塩屋監督は舞台劇の成功により映画化を考えていましたが、まことに残念なことにその一年後に急逝されました。「ＨＩＫＯＢＡＥ」は彼の遺作となりましたが、この舞台劇に込めた相馬市に寄せた彼の友情を大切にして行かなければと思っています。

市長メールマガジン 2012/06/18 発行

essay

（15）防災倉庫

一カ月前から、仮設住宅の大集会所をはじめ、市内の各地区の公民館で市民との意見交換会を始めた。この1年3カ月、我々はどのようにこの震災と向き合ってきたか、初動の判断はどうだったか、放射能についての考え方や対応と今後の対策、復興への目標と具体的な計画など。パワーポイント40スライドを使って、説明と対話の集会10カ所のうち6カ所を終えたが、私の話に真剣に耳を傾けてくれる会場の表情の一つひとつが、力を与えてくれる。

いま思い返して、最初の24時間が最も厳粛で、また決断を要した時間だったと思う。この時間帯での対応が、その後の震災対策の成否の多くを決定づけた。私の決断の妥当性については後世の判断に委ねるしかないが、あの夜、寒さで震える被災者に暖を与えるために難儀したことや、清潔な水を配給できずにジリジリした思いや、避難誘導にあたった消防団員たちが帰らぬ人となったことを知った時の打ちのめされた気持ちなど、私自身フラッシュバックのように胸を過ることがある。本部長である私が、弱音を吐いたり、不安な気持ちを顔に出すことは出来ないと自分に言い聞かせつつも、心の中では大規模震災に対する備えが不十分だったことを悔いた。亡くなった人たちの無念は勿論だが、せめて、後世の市長や市民にはこんな思いはさせたくない。

震災前の防災倉庫は床面積で約600平米。毛布も非常食の備蓄も、震災の甚大さに比べればはるかに足りなかった。

さらに交通の不便な場所にあるため、支援物資の受け入れ場所としても不都合だった。台風や、豪雨に伴う洪水などには対応してきたが、震災対策には「この程度ならまあまあ」という甘い考えは禁物だということを思い知らされた。実は、原発事故の間もないうちから、私は水道水のセシウム汚染を心配して、全市民に一人当たり10リットルのペットボトルの水を配れるよう備蓄してきたが、今後も常備する必要がある。毛布も市民ひとりにつき、最低一枚分は備蓄すべきだ。その他、今回の震災で経験した必要な物資を、整然と備蓄し、また震災時に支援物資を受け取るためのステーションとなる機能的な防災倉庫がなくてはならない。

昨年7月、会津地方と新潟県を襲った洪水被害に対し、我々は義理を返そうと、水やカップ麺などの支援物資を送ったが、苦しい時に助けてもらった市町村に対する逆支援もこれからの相馬市の大きな仕事だ。

この考えについて、復興庁や関係機関の理解が得られたので、現在基本計画を設計中である。場所は八幡地区高松の市有地（4、000平米）を考えている。地元の行政区長さんたちの理解も得られたので、十分な収容能力を備え、支援物資の搬入搬出がスムーズにできる機能を持つ、この地区のランドマークとなるような防災倉庫を建設したい。

また、消防団が有事の際の地域の守り神であることも身に染みて分かった。今回の震災でも実証されたことだが、初動では地域の事情に精通している彼らからの情報と初期対応が決め手となる。したがって新防災倉庫には、消防団の本部事務所と、消防団員待機場所兼防災教育研修スペースも備えたいと考えている。

姉妹都市である流山市、豊頃町、大樹町に加え、すでに防災協定を結んでいた東京都足立区と裾野市には言い尽くせぬくらいお世話になった。これらの自治体の他、震災後、支援を通して結びつきが強くなり新たに防災協定を結んでいただいた稲城市、小田原市、西条市、そして今後防災協定を結ぶ予定の大野市、米原市、龍ケ崎市の消防団などの防災関係者には、是非、研修に来ていただいて、3・11以降我われが積み上げてきた震災対策のノウハウを学んでいただきたい。他にも、お世話になった自治体や企業など、相馬市の中間報告にすべて記載してあるので、どうか遠慮なくお出でいただきたい。完成までこれから1年を要するが、それまでに、市役所の担当職員たちがしっかりレクチャー出来るよう、現在教育中である。

倉庫内に備蓄される水

ところで。

冒頭にも書いたが、勇敢にも最前線で避難誘導にあたり多くの人々を助け、しかしながら無念にも殉職された10名の消防団員を顕彰し、永久に市民の心にとどめるための顕彰碑を、この防災倉庫の玄関わきに建立することにした。防災倉庫に研修に来られる方々には、是非、手を合わせていただきたいと考えている。

相馬市殉職消防団顕彰碑除幕式
（平成25年8月25日）

「殉職消防団員顕彰碑建立委員会」を、消防団長を委員長として立ち上げ、市民や、日本中の彼らの勇気を讃える方々のご芳志で建立したいと考えている。何卒、ご賛同いただければありがたい。遺族や私の胸も少しは晴れる。事務局を相馬市地域防災対策室に置くが、市の事業というよりは建立委員会で造ってもらって、相馬市が管理してゆくのが適切と考えている。

彼らの残した子どもたちをはじめ、震災で親を亡くした子供たちを育てるための「震災孤児遺児義援金」はお蔭で順調に集まり、さらに大学進学のための学資の分もほぼ集まった。次に月づき7万6千円の仕送りが出来るよう6月議会に条例を提案中である。亡くなった彼らに代わって、日本中、世界中の善意に感謝したい。

市長メールマガジン 2012/07/17 発行

essay

(16) 相馬寺子屋

お蔭さまで、震災孤児遺児らへの義援金は4億円を超えた。はじめは殉職した消防団員たちへの「済まない」という気持ちから始まった被災孤児遺児への生活支援金制度だったが、世界中から温かい寄付が集まった結果、生活費応援だけでなく大学などの高等教育支援にも手が届くようになった。磯部・原釜の消防団員たちが目の前に迫る津波を見て死を覚悟した時、胸に迫ってきた家族への思いを推し計れば、我われの背負った義務が自ずから決まってくる。子どもたちが元気に強く生きていけるように成長することや、年老いた親たちが安心な老後を送ってくれること、そして彼らが守ろうとした集落の人々が幸せに暮らせる地域社会であり続けること。

これらは復興計画そのものなのだ。

我われ相馬市は復興を定義するにあたって、被災者の世代別の人生設計を再構築することを第一の目標とした。子どもたちを健やかに成長させることと、成人した後の生きる力を育むこと。高齢者には安心して暮らせる老後の環境づくり。青壮年層には安全な居住環境の提供と恒久住宅の整備、さらに人生の再設計のための産業の再生。また安全な地域社会の建設のために、今回の震災の経験を踏まえた災害対策を出来る限り講じていくこと。したがって子育てや教育において災害の影響を乗り越えることを第一番目の課題としながら、孤独になった高齢者の福祉のために知恵を凝らし、復興住宅建設や漁業や農業のための復旧復興、また放射能対策としての健康対策・除染活動などの、ソフト・ハード事業を推進することを基本理念として復興事業にあたってきた。

5月に完成して供用を開始した「相馬井戸端長屋」は、以上の理念に基づく諸事業の一端だが、一戸建てや分譲地の方はこれからである。したがって、復興事業が決して最適・最速に行われているとは言えないが、我われなりに力を尽くしてきた。

ハード事業に対しては、いままでお付き合いをいただいてきた市長さんたちの温かい友情と、国土交通省、総務省、農林水産省などからの支援により、21人の技術者の派遣をいただき、復興理念の実現に向かって全力で取り組んでいる。相馬市の職員たちとの息も合ってきたので、その効果は絶大である。深謝したい。

一方、子どもたちについては殆どがソフト事業で占められるが、こちらの方も多くの方々から応援によって着実な効果が上がっているので、以下ご報告を申し上げながら、私の感謝の気持ちを表したい。

震災から一カ月後の4月18日からの学校再開を決めたものの、教育委員会から私に上がってくる報告は、恐怖体験や肉親・友人を失った子どもたちの精神不穏だった。これらＰＴＳＤ（外傷後ストレス症候群）対策として、全国から臨床心理士と保健師を募り、教育委員会の外部部隊としてのボランティア組織「相馬フォロアーチーム」の活動を開始したのが４月20日だった。その後ＮＰＯ法人格を取得し、世界中からの寄付金で運営されている。主な活動は、被災した小中学校に臨床心理士や保健師を派遣、さらに症例によっては顧問医師の家庭訪問によるカウンセリング、また学力向上もＰＴＳＤ対策になるという私の考えから、勉強のお手伝いも事業の項目に入れてもらった。

被災児童生徒の学力向上への思いは、冒頭書いた殉職消防団員たちの無念な気持ちとも交差する。災害孤児遺児支援金は、18歳までの月々３万円の生活支援金と、大学進学奨学金（返済義務なし）のための必要額をほぼ達成出来るだけの寄付をいただけたので、現在は先月の議会で承認された月々７万６千円（大学生仕送り全国平均値）の下宿代仕送りが実現できるよう支援を求めている。世界中から我われ相馬市のこの取り組みに温かい応援をいただいている事には、驚きを以って受け止めていると同時に責任を痛感している。責任とは、子供たちのＰＴＳＤ対策もさることながら、いただいた義援金を有効に使えるように、具体的には子供たちが大学に進学できるように、高校卒業までに充分な学力をつけさせることである。そして、学力向上という課題は震災孤児遺児だけでなく、被災した全児童生徒、ひいては相馬市の子ども達全員に対する課題である。放射能の子どもへの健康被害対策には全力を尽くすものの、彼らは少なからず、放射能被災地という風評と向き合いながらこの地で暮らしていくのだから。

第九分団（磯部地区）の副分団長だった阿部健一さんの娘さん・彩音ちゃんの将来への決意を聞いて、「相馬市教育復興子育て基金」条例を制定したのが昨年の9月議会だったが、現在まで総額で7、000万円の基金へのご支援をいただいている。我々が基金を使って最初にしたことは、被災した中学生たちにｉＰａｄを与えてドリルや理科の授業の教材にすることだった。もちろん、有害サイトへのアクセスの問題やアップデート対応、教材

コンテンツを確保することなど課題は多かったが、代々木ゼミナール看板講師の藤井健志先生たちのグループの支援や、また現場の先生や相馬市教育委員会の熱意もあり実現にこぎつけた。学力向上に対する効果は勿論だが、子どもたちが将来強く生きていくために情報端末を使いこなすことは必須条件である。
また震災後間もない去年の夏休みには、宮城教育大学から大学院生の派遣をお願いして、学校教室で子どもたちの補習授業を行ってきたが、スタッフ不足で秋には中断せざるを得なかった。今回は、経費として充当できるだけの子育て基金が集まってきたので、鈴木寛元文部科学副大臣のご紹介をいただいて東京大学教育学部に直接お願いすることにした。3月27日、東京大学の武藤芳照副学長に週末の学生ボランティア派遣をお願に行っ

たところ、非常に前向きな返事をいただいたので、我われはさっそく準備にとりかかった。対象は被災地の小・中学生だが、土曜日と日曜日にボランティアで来てもらうので、仮設住宅の集会所を勉強の会場とすることにした。相馬で過ごすための段取りはフォロアーチームが行う。福島市まで新幹線で来てもらい、ワゴン車で迎えに行き、フォロアーチーム関連の合宿所に泊まって食事をしてもらう。また会場設営や、子どもたちを集めることや、勉強会に寄り添うことは教育委員会のスタッフが行うことにした。

6月16日、第1回の勉強会が始まった。最初に来てくれたのは東京大学教育学部の大学院生の方々だったが、流石に子どもたちの心の捕まえ方は素晴らしかった。小学生とは遊びから入り、中学生には勉強のポイントから教え始めた。子どもたちの弾けるような笑顔と、勉強に取り組む真剣な眼差し。私はこの勉強会を「相馬寺子屋」と呼ぶことにした。

我われは、仮設住宅の暮らしが子どもたちの成長にとって、どのような影響を与えて行くのか？という重要なテーマと向き合っているのだが、仮設住宅での暮らしが大人たちにとって整然としたものであれば、この環境なりに子どもたちの豊かな感性や社会性を育てることは十分に可能だと思うようになった。東京大学のご厚意に心から感謝申し上げるとともに、「相馬寺子屋」がより意義深いものになるよう、復興事業に精を出したい。

essay

(17) 君の未来に万歳

先日、故稲山正弘磯部地区分団長のご自宅に、お盆遅れの焼香に伺った。仏壇には涼やか眼差しながら精悍な表情の遺影。部屋の片隅には誕生を楽しみにしていた初孫のおもちゃが転がっていた。去年の夏に生まれたというから、身重だった娘さんも厳しい避難生活の中で、この遺影に見守られて無事に出産できたのだろう。正弘さんの母親ヨシコさんは82才。代々の漁師だったご亭主を4年前に亡くして以来、正弘さんや孫たちに囲まれて穏やかな余生を過ごしていた。小柄だが人の良さそうな表情が正弘さんそっくりだ。眼もとから頬のあたりの皺のひとつひとつに人生の苦楽が刻まれている。帰り際、犬のなき声に振り返った。正弘さんを待っているのか。

3月11日の大地震。自宅で精密機械の下請け工場を営んでいた正弘さんが、ヨシコさんと身重だった娘さんに、「すぐに磯部中学校に避難してくれ!俺は消防だからみんなを逃がさねばなんねぇ。あっちで待っていてくれ!」そう言って消防法被を着て飛び出した。奥さんは勤務している病院で地震の事後処理、長男の大輝くんは相馬高校で仲間と一緒にいた。

ヨシコさんは身近の貴重品を持ち、とにかく急ごうとしたが、正弘さんが可愛がっていた愛犬のアイも一緒に連れて行こうと思い、犬の餌をできるだけ携えて高台の中学校に向かった。やがて次々に集まってくる集落の人々から、巨大な津波が多くの家や人々を飲み込んだことを聞いた彼女は、正弘さんのことが心配でたまらなかった。今にも「大丈夫か！」と言って息子が顔を出すのではないかと思い、体育館から出て一晩中、車のなかで待っていた。市から届いた、ひとりあたり半分のオニギリとコップ一杯の水も喉を通った気がしなかった。深夜に正弘さんの友人から、「最後に見たのは磯部漁港の近くで避難誘導をしている姿だった」と聞いた。漁港のある大洲地区は被害が最もひどかった集落で、建物は何一つ残らなかった地点である。彼は最前線にいたのだ。

夜が明けて磯部中学校から市街地へのルートが確保されたので、市の指定した避難所「はまなす館」に集落の人たちと一緒に向かった。犬は持ち込み出来ないと思い、餌と一緒に知人に託した。やがて市内に嫁いだ正弘さんの長姉が迎えに来たので、後ろ髪をひかれる思いで「はまなす館」を後にした。その後、原発事故を心配した埼玉県に嫁いでいる次姉が3月14日に迎えに来たため、相馬を離れて正弘さんを待つことになる。

3月31日。正弘さんが消防法被姿で無言の帰還を果たした。葬儀場はまだ再開しておらず、取りあえずの火葬は4月2日。私は学校再開の準備に忙殺されていたので総務部長が出席したが、消防団員をはじめ防災関係者など、会場あふれるばかりの参列者だった。大勢の人が「正弘さんと最後まで」と、一同が見守る炉前ホールで、今から荼毘に付すというその時、ヨシコさんが棺にすがって、叫んだ。

「マサヒロー、偉いどー。偉かったなー。偉いどー。」

その時。母の叫びを聞いた長姉が両手を天に突き上げ、絞り出すような声で。

「バンザーイ！」

勇敢にも最前線で津波に立ち向かい、多くの人々の命を救いながらも、自ら職に殉じた正弘さんに家族が手向ける、心の底からの別れの言葉だった。

場内の全員が、母の無念、姉の悲しみを我ごとに思い、慟哭した。

稲山正弘相馬市消防団第九分団長。享年49歳。

震災当時、高校一年生だった息子の大輝くんも三年生になった。父親に似て凛々しい顔立ちをしている。その大輝くんが私にきっぱりと言った。「自分は消防士になって父の意思を継ぎたい」。その心意気やよし。大輝くんの思いのままに、真っすぐに育ってくれるよう応援することが、正弘さんへの恩返しである。

頑張れ大輝！君の未来に万歳！

殉職消防団顕彰碑
（防災備蓄倉庫敷地）

市長メールマガジン 2012/12/10 発行

essay

(18) 漁労倉庫

12月9日。津波で流された相馬双葉漁業組合の敷地に、1棟が12区画(1事業者1区画9坪、底引き船は1隻あたり2区画を使う)の作業所付き漁具倉庫を、全部で11棟建設する計画が着工した。私が、幼馴染の漁師たちと計画を練りに練り、復興庁や国土交通省の理解を得ての復興事業である。来年度の完成を目差し、津波原発被害からの復興と工事の安全を願って、大声で工事鍬入れ式の鍬を振るった。

原釜漁具倉庫(底曳船用)
(平成25年6月28日完成)

私の育った原釜は、物心ついた昭和30年代の前半頃まで、遠浅の浜辺に手漕ぎの漁船が無数に並べられていた。朝、漁から戻った漁師たちを迎えた浜は、そのまま子どもたちの遊び場になった。親たちは網をリヤカーに載せて家に戻り、ほころびた網を庭で繕っていた。やがて発動機付きの漁船が主流になると、近くの松川の港から出漁するようになり、我われ子どもたちは港に小魚をもらいに遊びに行ったものだ。それでも原釜の浜は相変わらず子どもたちで賑わっていたし、親たちは漁網や道具を載せたリヤカーを牽いて、自宅を作業場とする漁業に勤しんでいた。やがて時代は平成へと移り、私の遊んだ原釜の浜は相馬港の1号岸壁となってしまい、心に残る風景は消えてしまった。大型化した漁船は茨城県沖や宮城県の金華山沖まで出漁するようになり、リヤカーは軽トラックへと変わったが、漁の準備をする場所は依然として自宅であり、生活と漁業は一体だった。

相馬市は、その人々が暮らす原釜の家々と、漁業組合がある漁港の、わずかなコンクリートの躯体を除くほとんどの構造物を、無残にも流し去った去年の大津波の4カ月後、400年前の先例（1611年、第16代義胤公の時代に慶長大津波に襲われた後、高台移転を命じた結果、その5年後の元和大津波では死者を出さなかった）に倣って津波危険地域に居住制限をかける条例を制定した。今、移転先の高台に復興住宅を造るための宅地造成事業に取り組んでいるが、数年後の払い下げを考える賃貸住宅敷地は50坪しか提供出来ず、また復興事業による分譲地は100坪以内と決められている。漁業者は狭くて仕事にならないと言うが、分譲地の面積は政府の取り決めであり、何より高台となる山を開発して住宅地を確保

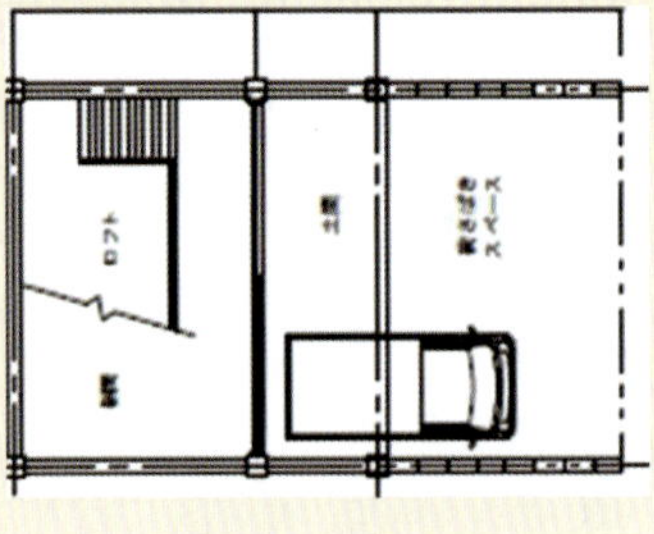

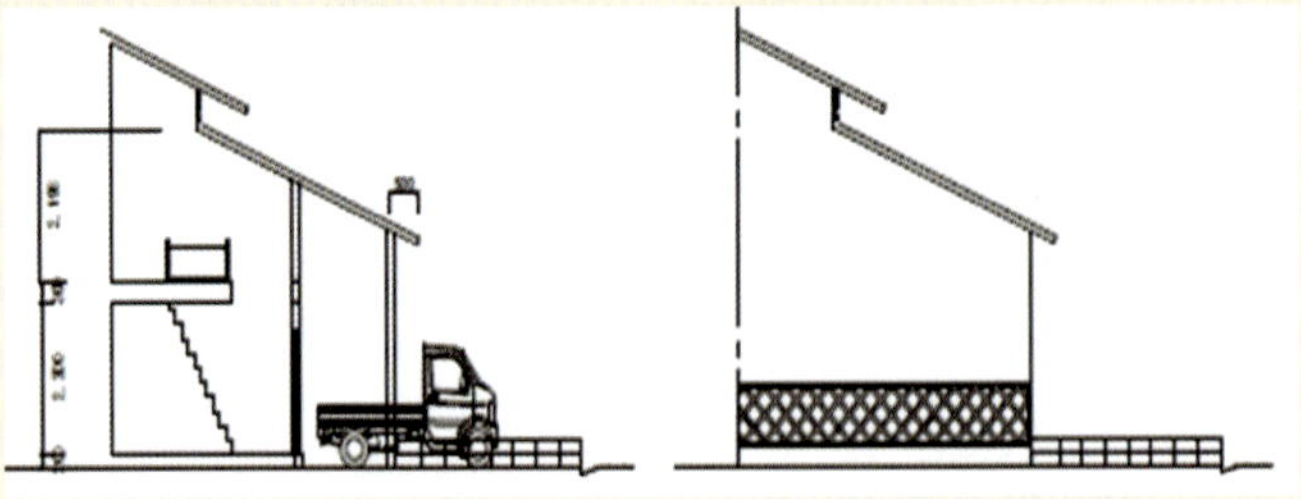

しようとするのに、開発可能な土地の面積には限界があるのだ。

一方、居住制限をかけたゾーンは日中の立ち入りや事業所の建設は認めることとした。港を立ち入り禁止にすれば漁業は成り立たないし、警報システムと避難道路をしっかり整備することを前提として、寝泊りさえしなければ土地利用は可能と考えたのである。もしも、あの津波が深夜12時に来ていたらと考えると、居住制限は已むを得ないが、日中の土地利用を安全にするための努力は出来るからだ。

私は、相馬の漁業もやがて再開し、以前のように魚市場の活気が戻る日が必ず来ると信じている。

ただ、その日が来ても原釜の居住制限が解除になることはあり得ないので、網繕いなどの漁労と日常の生活を完全に分離して、漁業を継続してもらうしかない。したがって小型船1事業者あたり9坪の家屋面積を有し、露天部分を含めると15坪の倉庫付きの作業所（長屋形式の漁労倉庫）を11棟131区画造る計画である。どうせ造るなら、見栄えのいい、漁業復興のシンボルとなり、ひいてはこの港の魚に付加価値をつけてくれるような建物にしたいと思い、平瓦ぶき和風の蔵をイメージするようなデザインにした。沿岸漁業における職住分離という新しい概念に、ハードの上から取り組まざるを得ないという、大震災がゆえの事情もあるが、新しい時代の漁業と思ってもらいたい。

運営は漁業組合に任せるが、1棟ごとに長屋のような連帯意識をもって、私が育ったあの原釜の賑わいを取り戻してくれたらと、心から願う。

漁港の被害状況を安倍晋三首相に説明する
相馬双葉漁協の故佐藤弘行組合長

（19）新市民会館の落成（平成25年10月7日）

震災からおよそ2年半となる平成25年10月7日。大震災の地震で危険建物となった旧市民会館に替わる新会館が落成式を迎えました。老朽化のため、震災前から計画していた外観は、多くの市民の希望により和風。また城跡である馬陵公園近くに位置するので、城下町の風情に馴染むことをコンセプトに設計されました。震災後の最初の大型建築だったこともあり、「復興と市民の団結のシンボル」として、市民も落成を待ち望んでいました。

落成式では、震災直後から何度も相馬市に激励にお出でになった太田昭宏国土交通大臣からご祝辞をいただきました。その後、スタインウェイ社のグランドピアノをご寄贈いただいた株式会社ＩＨＩの斎藤保社長をはじめ、設計会社の代表の方や、建築会社の社長さんたちに感謝状を贈呈しました。

続いて会場全体で万歳三唱しましたが、そのご発声を私の前任である今野繁前市長にお願いしました。今野前市長は当時86歳。極めてお元気に、相馬市の復興

太田昭宏国土交通大臣（当時）

万歳三唱する
故今野繁前相馬市長（中央）

と栄えある前途を願っての力強い万歳でした。この時は、まさか私が前市長にお目にかかる最後のお姿とは思いもよりませんでしたが、翌年2月にご逝去されました。長年の御苦労に報いるための市民葬として、新しい市民会館で前市長をお送りすることが出来たのもご縁と感じています。その後、縁者の方々により建立された前市長の胸像を市民会館の玄関前に移設させていただきました。

さて、落成式の際は主催者である相馬市の幹部はもとより、ご祝辞をいただくご来賓の先生方や感謝状を差し上げる方々全員に羽織袴でのご登壇をお願いしました。また、建設会社の社長さんたちには大工の棟梁姿になっていただきました。この時今野前市長ご夫妻にご参列いただいた記念写真があります。これからの相馬市の歴史を見守ってもらいたいと願っています。

そうま盆踊り
(市民会館広場)

市長メールマガジン 2012/12/12 号発行

essay

(20) 郷土蔵

この度の震災により、相馬市では主に海岸部の集落に甚大な被害を受けた。避難誘導にあたった消防団員をはじめ多くの尊い命が失われたことは周知の通りだが、一方、避難によって辛うじて助かった人々も生産活動や生活の拠点を失った。生活・産業の回復のための、国の復興予算をはじめ世界中からの善意により、復興住宅の一部が完成、また高台移転のための造成工事に着工するなど、復興に向けて市民一丸となって長い坂を歩んでいる。しかしながら、被災者全員が終の住家に納まり、産業が以前のように蘇るまでは相当の期間とエネルギーを要するものと改めて覚悟している。

このような状況の中で見落としてならないことのひとつに、流失家屋の中には、近世・近代以降の生活や生産様式を今に留める民俗資料を、生活の中で収蔵してきた古民家や土蔵が多く含まれていたという事実がある。磯部地区の代々続いた農家や、原釜地区の明治時代から続いた味噌醤油屋の土蔵をはじめとする古民家などが流された。これらの古い建築物の中には近世・近代以降の生活用品や、農業のための道具・什器が収蔵されていたので、相馬市にとっては生活文化遺産の損失だった。海岸部の民衆の記憶までを津波は流し去ったのだ。

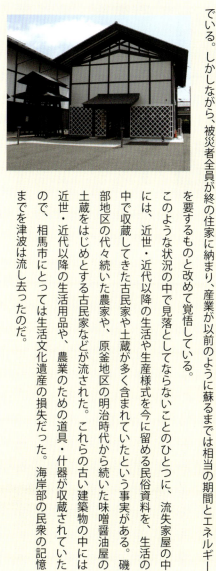

一方、市民の中には以前から民俗資料が喪失してゆくことを懸念して収集活動をしてきたグループがいる。最近、地域の民俗資料とも言うべきこれらの生活の記憶が失われないようにとのご厚意の下、現在保有している農道具や什器や生活用品を相馬市に寄贈いただいた。

実は民俗資料も、うかうかしていると消失してしまうことを実感させられるようなエピソードがあった。

我われは昨年の夏から、仮設住宅の一棟一棟の間をリヤカーで訪問販売することを始めた。車を持たないとか足腰の弱い買い物弱者のため、また訪問販売することによって独り暮らしの老人などをチェックし孤独死対策とするため、それとリヤカーの周りに人が集まりコミュニティー形成の一役を買ってほしいためなど、いろいろな目的で始めた。私の子供のころの原釜にはスーパーなどは勿論なく、豆腐や納豆を売りに来るリヤカーの周りには、かっぽう着をきたおばさんたちがいつも集まっている光景があった。ところが訪問販売を開始するにあたって、思い出に出てくるリヤカーを相馬市いっぱい探し回ったが、驚いたことに一台もなかった。21世紀のデジタル社会は、あの昭和の郷愁あふれるリヤカーを相馬市に一台とて残さなかったのである。仕方なく販売用に購

郷土蔵オープン
（平成 26 年 7 月 26 日）

入したのはステンレス製の折りたたみ式。コンパクトで軽量・堅牢だが、味気のないこと甚だしい。ステンレスリヤカーは、役には立つが情に乏しく見える。あの黒い鉄製の枠に付いた太めのタイヤと木製の台座が懐かしい。

多分、昔のリヤカーくらいなら他の町に行けばあるかもしれない。

しかし大切なことは、リヤカーを牽いていたあの時代の地域の結びつきこそ、今度の震災復興に一番の原動力になるに違いないと思って、みんなで力を合わせて様々な対応をしてきたことである。だから相馬市としては、農家や町屋敷の庶民の生活の様子を残していくことも必要と考えている。

今回の民俗資料の寄贈を契機に、来年度改築を予定している歴史文化財資料館の隣に、郷土の暮らしの記憶を留めるための郷土蔵を造り、相馬藩伝来の文化資料と対比して庶民の生活文化を展示することにした。木造総2階建て、上下で80坪の建物になるが、1階にはかつての生活を再現できるよう自在鍵が下がった囲炉裏を作ってみたい。また、市民の知恵を拝借しながら、何を展示するかなど委員会を作って運営

郷土蔵でわらじ制作
(平成27年6月15日)

したいとも考えている。今回いただいた民俗資料だけでも十分な量になるが、これから市民に公開していけばさらに珍しいものが集まるだろう。

相馬を訪れる方々にも是非ご覧いただきたい。いま仮設住宅で助け合いながら暮らしている原釜や磯部の人たちはもとより、相馬地方の民衆が形成してきたコミュニティーの記憶の断片を、後世に伝えていきたいと願っている。

市長メールマガジン 2013/01/19 発行

essay

(21) 義理と人情(支援自治体との友情)

年が明けてから、マスコミの方々からのインタビューを受ける機会が増えた。たいていの質問は、「震災後1年10カ月たって、現在の状況は如何ですか?」というもの。

震災復興事業が多岐に亘ることに加え、相馬市、県、国の事業のそれぞれが対象も完了時期も違うので、とても一概に言い表せるものではないし、ソフト面では目標設定が困難なこともあり進捗状況の正確な評価は出来ないので、「富士山登山で言えばおおむね3合目ぐらいでしょうか?」とお話ししている。

また、感想も含めてこんなことを申し上げている。

「この震災で私が学習したことは、人はひとりでは生きて行けない、また震災対応は義理と人情だった。」

つまり、人生にとって周囲のコミュニティーが如何に大切であるかを改めて実感したことと、友人首長たちの友情で急性期を乗り切った忘れられない経験のことである。

津波の直後、集落ごとに避難所に入った海岸部の人々はお互いの無事を喜びながら励まし合っていたが、一方、我われは4000人分の食糧と生活物資を供給し続けなければならなかった。せっかく悪魔のような大津波から助かった人たちが脱水や栄養失調になったらどうしようと、私自身が不安にかられていた。ところが、震災の翌日から水や非常食のアルファ米が続々と届き出したのである。震災翌日の3月12日、痛んだ道を何とか走り抜けてきた役所の車で、水、非常食、毛布を届けてくれた流山市、米沢市、足立区、上越市の支援は、地獄で仏を見る思いだった。3日目以降も、小諸市、日光市、裾野市、滑川市、須崎市、大野市など、防災協定締結市だけでなく、友人の市長たちから続々と支援物資が相馬市役所に届けられた。中には敦賀市のように、市長が自ら支援物資をいっぱいに積んだトラックと一緒に、早々と私を励ましに来てくれたところもあった。

新潟県三条市との
「災害時相互応援協定」
（平成25年2月25日）

原発の風評被害で物流が止まったために食料品が入手できなくなっていたし、県から支援物資が最初に届いたのは3月17日の深夜だったから、我われ相馬市は被災したあと1週間は彼らの友情に頼って生き延びたと言える。

また、稲城市、流山市は12日の午前中には給水車を届けてくれた。地震のせいで、市内の至る所で断水していたので本当に有難かった。その後も日頃つき合っている市町村長たちから、途絶えることなく水や食料が届いた。これらの支援は、私が頼むより先にニュースで相馬市の惨状を知った首長の指示で行われていたのである。

全国市長会長の森民夫長岡市長は、被災後まもなく「相馬市は大丈夫か！」と電話をくれたが、会長を煩わせる訳にもいかないと思い、「何とかなるから」と返事をした。しかし、本当は大変なはずだと心配してくれた彼は、

4月2日に見舞いを兼ねて相馬市にやってきた。「俺に出来ることがあったら遠慮しないで言ってくれ」という言葉に甘えて私は、「復興するには人手が足りない。技術者の支援をお願いできないか?」急な人事のお願いで恐縮だったが、7月1日から、長岡市の技術者を3カ月のローテーションで派遣してもらった。そして、膨大な事業量を抱えマンパワー不足に苦しむ相馬市に対する森市長の支援は、今日も続いている。

23年7月28日から31日朝にかけて福島県会津地方・新潟県を襲った集中豪雨がテレビで報道された時、私は3・11の直後にお世話になった南会津町長と森市長にそれぞれ電話を入れた。南会津町長は、「自分のところは大丈夫だが、只見町と金山町が大変だ。そちらへ支援してくれないか?」森市長は、「長岡市は持ちこたえられないほどの被害ではない。しかし三条市が大変だ。三条の国定市長を頼む。」

それぞれの首長たちに電話を入れたところ、3市町とも被害は相当ひどいらしく避難所は満員、欲しいのは水と食料との要請だった。当時の相馬市は、原発事故状況の悪化に備えて240トンのペットボトル水を備蓄していたし、カップ麺などの非常食も余裕が

只見町、金山町、
新潟県三条市へ支援物資出発
(平成23年7月31日)

滋賀県米原市へ支援物資出発
(平成25年9月16日)

あったので、南会津町長や森市長からの義理を返さねばと思い、只見町20トン、金山町10トン、三条市12トンの水と、それぞれ数千食のカップ麺をただちに送った。

その後三条市の国定勇人市長とは、全国市長会や、地方分権の主張を同じくする首長たちの会で交流を深めていったが、40歳そこそこの実直な青年市長である。礼儀正しく、行政手腕にもそつがない。災害支援をこちらから申し出て以来のお付き合いだが、相馬市の復興には長期的な人的支援が必要と考えてくれて、昨年10月から三条市の職員を二人も派遣してくれている。若いが義理がたい人物だ。さらに三条市とは来月には防災協定を結び、これから両市は親戚付き合いをすることになった。

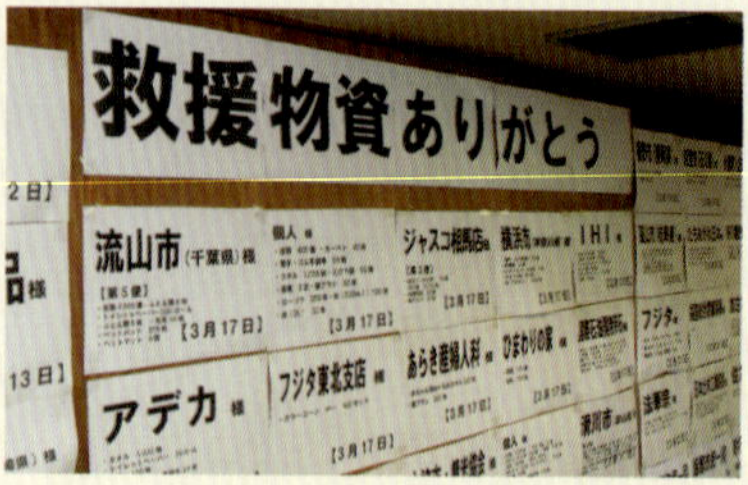

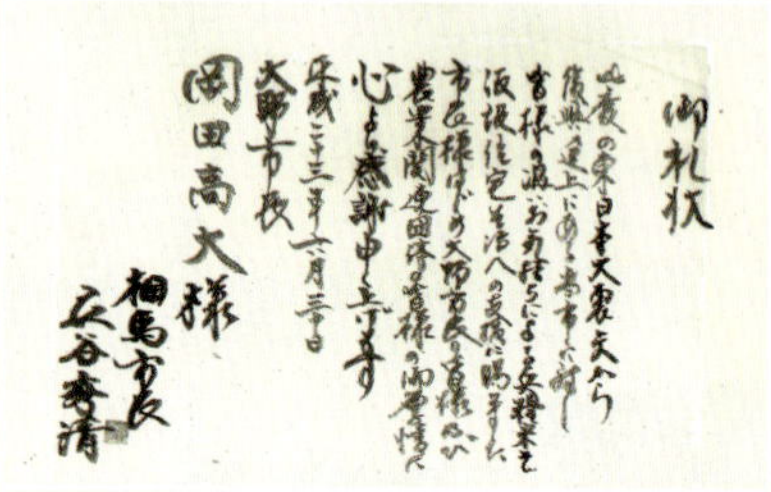

相馬市が行う復興事業だけで500億円弱。例年の当初予算が140億円程度の相馬市にとっては気の遠くなるような事業量である。また今後、事業内容が確定することによってさらに増えることが予想されるのだ。従来の相馬

市役所の戦力では、何年かかるか見当もつかない。総務省のご配慮により全国5市からそれぞれ一人ずつ技術者の派遣をいただいているが、防災協定都市や友人市長たちのご厚意により、ほかに11市から15人の派遣職員を送ってもらっている。例外なく、自ら志願して来てくれた人たちだけあって、一騎当千の強者ばかりだ。

相馬市は震災前に流山市、足立区、裾野市の3自治体と縁あって防災協定を結んでいたが、3首長とも強力な支援体制を以って相馬市を助けてくれている。さらに震災後、稲城市、小田原市、西条市、米原市、龍ケ崎市、大野市、日光市と新たに防災協定を結んだ。また、三重県菰野町の石原正敬町長のように、自ら物資と人的支援のために何度も足を運んでくれた首長もいる。何れの都市も、震災支援により縁を深めた相馬市に温かい友情を持ち、職員派遣などを通して震災対応を学び、自らの防災対策を堅固にしようとする熱意を持つリーダーシップあふれた首長が率いている。

現在、相馬市が建設を進めている防災備蓄倉庫は、無論、3・11の震災の際に水や食料や毛布が足らず四苦八苦した経験から、次の災害時の市民の安全を図るために整備するもの。しかし、もうひとつの目的は、あの震災直後にお世話になった市町村の非常時に、支援物資を満載したトラックを出発させることである。我われ相馬市は、震災以来今日まで数え切れないほどの人情に助けられてきた。復興をしっかり遂げることが人情を寄せてくれた人々に応える最大の義務とは思うが、お世話になった市町村の被災時に何も出来なくてジリジリすることがないように、義理を果たせる準備をしておきたい。

（22）災害廃棄物の仮設焼却炉の稼働（平成25年2月20日）

災害復興にあたり、がれきの処理は基本中の基本でしたが、20万トンを超える膨大ながれきの焼却は中間処理に続いての重要な課題でした。

そのころの全国ニュースでは、宮城県と岩手県で処分しきれないがれきを、東京や新潟県をはじめ他県の自治体が全国規模で焼却処分しようとしている機運に対して、「放射能物質が含まれている可能性のある東北のがれきを持ち込むな」という放射能アレルギーの方々の意見がマスコミをにぎわせていました。

ある県の知事などは、受け入れを表明した市長に対し「県民を殺す気か」と発言をして物議を醸しました。

福島県にいて可笑しかったことは、福島のがれきを引き取ろうという話でもないのに、セシウム飛散の有無も論じないで放射能物質は微塵も持ち込ませないという姿勢を示せば立派なリーダーだという間違った自負でした。

国代行仮設焼却炉　点火式
（平成25年2月20日）

岩手県のがれきが危険だと言うなら、我々福島県民はどうやって呼吸をしたらいいのか？

そのような雰囲気の中で仮設焼却炉を造ることは至難のことと思いましたが、相馬市では市民の冷静さが勝っていました。

相馬工業用地東地区の未売却の市有地約5ヘクタールに仮設焼却場を造る計画を立て、隣接する集落と立地している工場への説明・協議に入りました。

そこで私が理解を求めるために出した条件は、「近隣の集落と工場の方々に、空間線量を実際に測定してもらいましょう。また排煙からはセシウムなど放射

国代行仮設焼却炉

性物質が出ないことが条件だから、排煙の放射能物質の検査は毎日やりましょう」。

また、「周辺の空間線量が有意の上昇を示すか、煙にセシウムなどが含まれている場合は、直ちに焼却を止める」。

私の方針に対して、「市長、それなら復興のために進めよう」という地域の方々の理解が得られたので建設の緒につくことができました。

その後、除染で伐採した玉野地区の枝葉なども焼却しましたが、セシウム非排出を住民の手によって証明しながら焼却を進めていきました。震災後4年で仮設焼却炉は役割を終え、放射性物質飛散を防ぐための厳重な処置の下、解体されました。

essay

（23）東京農大の支援

被災翌日、岩子、新田、柏崎、日立木、磯部、柚木、北原釜、新沼地区の津波を被った田んぼを見た私は、言葉を失った。大洲地区から流されてきた松の木の根が天に向けて露出し、まるでヘドロの上に根が生い茂っているようだった。その中に破壊された家々ががれきとなって散乱していた。この異様な光景を元の美田に戻すことなど、到底できないかも知れないと悲嘆にくれた。

それよりも私がすべきことは、避難所の厳しい環境を強いられる数千人の住民を守ることだった。下を向いている暇はないと思って対策本部に引き返した。農家の人たちも呆然自失。避難所での声は、「農機具も流された。ヘドロで原型を留めない田んぼで農業など出来ない。もう終わりだ」。実際、被災直後はみんなが生き延びることだけで精いっぱいだったと思う。翌日には原発から20キロ圏内に避難指示が出され、新たな恐怖心が相馬市を襲う。放射能汚染を怖れた物流業者は相馬市に入ってこなくなり、ガソリンや食料が見る見るうちに尽きていく。我々市役所も避難所の中も、復興した後の先の生活を考えるより、今を生きることに直面していた。

「東日本支援プロジェクト」
東京農大と全面的連携
（平成 23 年 5 月 2 日〜）

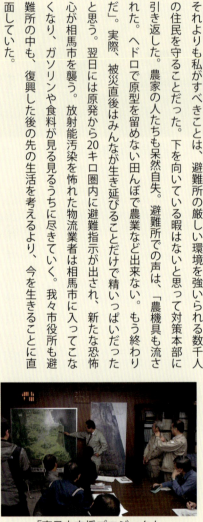

現地調査をする
大澤貫寿学長（左）

やがて原発騒ぎに対しても若干の冷静さを取り戻した4月下旬頃から、被災した農家の人たちからの現実的な声が上がるようになる。「農業を捨てると言っても、この歳で他にすることもない。やっぱり自分たちは農業をやりたい。でもこれから新しく農業機械を購入するのは大変だから、集落営農で効率よくやらなければ無理だ」。

私はこの話を聞いて、この芽生えてきた意欲を希望に変えられないかと考えた。集落営農とは農業法人の過渡的な姿である。トラクターなどの農業機械に小規模農家が過大な投資をするより、自分たちで作った会社組織に農地を集約化し大規模で効率の良い農業を目指すべきことは、農業もグローバル化の波に晒されている今日では当然の方針である。それに、市が被災者を支援するにも戸別補助よりも法人組織のほうが整合性がある。

我われは被災農家の組織化、つまり農業法人設立に走り出した。全部でなくとも良い、一部でも成功例を作ることができれば後に続くだろう。東北農政局長とは何度も熱く語り合い、彼は農業法人設立までの技術的な協力と、その後の出来る限りの支援を約束してくれた。

そんな5月のある日のこと。学生ボランティアでお世話になっていた東京農大の大澤貫寿学長が私を訪ねて見えられた。大澤学長の実直な人柄に惹かれた私は、発災以来の取り組みや今後の課題について率直に相談させてもらった。すると先生は、「それなら、東京農大の全力を挙げて相馬市の農業復興に協力しましょう」と言ってくれた。

この時点での我われの大きな課題は

1. 流木とヘドロを被った被災農地を今後どのように復旧させ、農業法人の構成要因となる農家の人たちの収入に繋げるか?
2. 放射線量が比較的高い玉野地区（飯舘村の隣の集落）の除染と農業の復活
3. 半数が被災して生産基盤を失った和田のいちご組合をどのように復活させるか?
4. 一部はこの機会に圃場整備をして、新たな大規模水田として生まれ変われないか?
5. がれきだらけで復旧が困難なうえ、担い手が離散して将来の農業用地としての利活用のめどが立たない地点の新たな土地利用

大澤学長には以上の困難な課題に対しての技術的な指導をお願いし、6月から発足する「相馬市復興顧問会議」のメンバーに就任して頂くことになった。

２０１１年の夏には東京農大高野副学長の後方支援の下、門間教授、後藤教授、渋谷教授らが現地調査や実地指導に見えられるようになった。また相馬市としては農業法人設立に動き出し、意欲ある農家の組織化に向けて説明説得を開始した。市が東京農大の先生方を地域に紹介し、趣旨を説明して集落の輪の中に入ってもらうようにしたが、最初は戸惑いを示したものの、徐々に地域の信頼を集めていったように思う。

玉野地区の放射能対策を担当された門間教授は、アパートを借りて相馬に定住しての活動だった。放射能汚染土壌の検査などは農地の一筆一筆、それも空間線量の高さを2点、土壌採取の深さを2点それぞれ設定し、詳細な計測と調査結果をもとに住民に対する説明を行ってくれた。その熱意たるや、玉野地区の人々は私の言うことを聞いてくれなくとも、門間教授のアドバイスには従う。

学生らによる土壌調査

空間線量の高さや風評被害のため、２０１１年は作付けを見合わせたが、緑肥植物を植えて反転耕で鍬込むことにより土壌線量を下げて、２０１２年は作付けすることになった。また野菜栽培や酪農についても知恵を絞ってもらっている。

一方、旧飯豊村（岩子、新田、柏崎地区が含まれる）に指導に入ってもらった後藤教授は土壌の専門家。まるで宮沢賢治のような人だった。私は散乱する流木の処理が終わっても、数10センチものヘドロが堆積した田んぼの復旧は困難を極めると思っていたが、教授は最初に我われには訳のわからないことを言った。「除塩は雨に勝る手段は無い。ヘドロは反転耕により肥料となる」。要するに流木とがれきを丁寧に撤去させ、田んぼを畝ってさえいれば自然と除塩されるというのだ。「ただしヘドロが運んできた物質により硫酸が発生するので対策が必要。PHの調整とミネラル補給のために鉄鋼スラグを入れよう」。鉄の副生産物を肥料にするという発想にはさすがに驚いたが、教授は絶対の自信があるというので、聞いているうちに全員がその気になった。そして、この計画に新日鐵住友から件の鉄鋼スラグのご提供を戴いた。また津波で流されたトラクターなどの農機具は、クロネコヤマト福祉財団の有富理事長のご厚意でご寄付いただいた。

2012年秋、飯豊地区の発足間もない農業法人が取り組んだ、「ヘドロ鍬込鉄鋼スラグ米」が見事に豊穣の収穫を迎えた。わずかに1.7ヘクタールの復興水田だったが、震災翌日の絶望を思うと夢のようだった。感情も相当入っての食味だったが、鉄鋼スラグ米は私が生涯食べたごはんの中で最高の美味しさだった。

玉野地区の放射線測定

2013年3月8日。今年度は50ヘクタールの作付けを目差すための大量の鉄鋼スラグを新日鐵住金から寄贈いただく贈呈式を、高野副学長をお迎えして相馬市役所で執り行った。私のネーミングでは話にならないので展示してあった1キロ入りの袋には「復興米」となっていたが、苦

後藤逸男教授(左)と
稲刈りをする筆者
(平成25年9月30日)

労のにじむ演歌調の洒落た名前を考えなければならない。また除染除塩過程や、ヘドロに含まれるカリウムの濃度からしてもセシウムが出るはずもないのだが、マナーとして全袋検査は必要である。

いちご組合のほうも農業法人化して大きな成果を挙げた。別稿に詳しくご紹介したいと思う。しかし、以上の成果を踏まえての農業復興のためには、農地の別な利用も含めた全体的な取り組みが必要である。基礎的な調査と研究を重ねて行かなければ、土地利用の結論を出すことは出来ないので、これからも東京農大には継続的にお世話になりたい。

今日まで相馬市に寄せていただいたご厚意に深謝すると共に、我われとしても、世界中に認めて頂き、さらに後世の子孫たちの評価に耐え得るような農業復興に励みたいと考えている。

学校給食に相馬産米

essay

(24) 農業法人「和田いちごファーム」

震災の直前まで「和田観光いちご園」は大盛況だった。13軒のいちご組合のメンバー達のそれぞれのハウスが、客を迎える笑顔で踊っていた。子供たち、特に幼稚園児には大人気だった。

1988年の開設以来、例年1月から5月まで毎年3~5万人のお客を迎え入れ、相馬市の風物詩となっていた観光いちご園のビニールハウスだったが、その約半数を津波が一瞬にして流し去った。周辺の田んぼも津波が運んできたヘドロが堆積し原型を留めていなかった。呆然とする彼らに、今度は原発事故が襲いかかる。いちごはハウスの中で栽培するので、ビニールが流されて土壌にセシウムが付着していても、新たに再建し客土すれば出来上がったいちごが放射能に汚染されることはない。しかし風評被害でどこまで売れるだろうか?物流業者さえ放射能を怖れて敬遠しがちなこの地方に、果たして客が来るのだろうか?

震災翌日のハウス

私の心配を見抜いたのだろうか、被災した組合員の中でも高齢な人たちは再建への投資を断念するようになった。いちご栽培は手間がかかる上、地面に屈んでの腰を曲げた作業は高齢者には辛い。私も無責任な元気づけは出来ないと思った。

しかし組合長の山中さんは諦めていなかった。東京農大の学生グループをはじめ、全国から集まってくれたボランティアの支援を得て、再開への歩みを始めることになる。被災直後は復興意欲こそが希望の光だった。彼は、津波被害を免れた数軒のいちご農家だけでも観光いちご園を再開しようという強い意志を持っていた。

そんな時、元医師会長の義理の息子さんという青年が私を訪ねてきた。その（株）日揮の平澤君が私に提案したことは、陽圧式の円形ドーム型ハウスの技術があるので水耕栽培でいちごを作ったらどうか？というアイディアだった。なるほど水耕栽培なら腰を痛めなくとも済むし、施肥や水の管理もシステム化が出来る。しかし復興事業として取り組むとなると、被災したいちご農家だけでは組合員の中に溝を作るだけになる。しからば、組合員全員参加の農業法人を作ってもらい、相馬市が復興事業として水耕栽培の大型いちごハウスを作って法人に無償で貸せば良いのではないか？

そう考えた私は矢も楯も堪らなくなっていちご組合のメンバーたちに持ちかけた。ところが急に農業法人と言われても理解できない人もいて、なかなか全員には納得してもらえなかったが、「もう歳だからとてもいちごの労働はできない」という人には株主として参加してもらうことにして、市の産業部長が何回も足を運んだ。

「和田いちごファーム」法人設立と超大型ビニールハウス第一棟建設を経て、

2013年1月13日は、就任したばかりの根本復興大臣をお招きしての、水耕栽培による新しい観光いちご園の開園式。メンバーの笑顔が弾けていた。旧知の根本大臣とは再会を喜び合ったが、放射能を気にせずに農業と観光業に専念できる復興施設を、農業法人による運営という形で紹介できることが嬉しかった。

さらに同日の午後には林農林水産大臣にもご視察をいただいた。林大臣とは8年前、自民党の部会に地方行革の説明者として呼ばれて話し合ったとき以来の再会だったが、驚いたことに彼はその時の会話のほとんどを再現できた。この日は相馬の農業の課題を話し合い、農業法人などの新しい生産の形を6次化に繋げる方法を協議させていただいた。もとより聡明な方だが、彼は間違いなく進化を遂げている。ハウス第二棟が建設中だが、6次化などの拡張性を考えて第3棟の必要性もご認識いただいた。

和田観光いちご園
オープン式
（平成24年1月13日）

さて、前述の平澤君の円形ドーム式のハウスは今回残念ながら採用にならなかったが、私の頭の中にピカッと白熱電球を灯けてくれた出会いだった。ありがとう。

市長メールマガジン 2013/03/18 発行

essay

(25) FIFAフットボールセンター整備にあたり

平成15年のこと。

全部で500ヘクタールにもなる工業団地光陽地区のうち、6号バイパスの西側にある115ヘクタールの未造成の用地を、計画中断により当時の中小企業基盤整備機構が売却するという方針が発表された。さっそく産廃業者が動き出したので、「産廃処分場にされて首都圏のごみを持ち込まれてたまるか!」と思い、ねばって13億円までまけてもらい、20年の延払いで購入した。当時は極めて厳しい財政状態だったが、地域の将来を思い決断した。2キロ先は、私が育った原釜の漁師たちの豊穣の海だったからである。

そのうち15ヘクタールは、既に火力発電所が排出する石炭灰で埋まっていたが、残りの窪地の容積460万立方メートルぶんの石炭灰を、相馬市が産業廃棄物処分業の許可を取り、処理費用をいただいて埋め立てて行くことにした。その後、既に埋立て済みだった15ヘクタールの土地利用を図るため、ともに東日本最大規模となる9コースのパークゴルフ場と4面が使えるソフトボール場を整備した。両方とも愛好者が中心となったNPOが結成され、相馬市の委託を受けて管理されている。

平成21年6月。

石炭灰の埋め立てが進んで新たに利用可能になった、灰の飛散防止のために野芝を生やした約10ヘクタールをサッカー場として使えるようにしてくれないかと、相馬市サッカー協会から提案を受けた。

彼らは財政面のことも考えてくれて、「市長に無理を言うつもりはない。だから出来る範囲でいいけれど、トイレは欲しい。それと一面だけは天然芝の公式試合が出来るコートを作ってくれ」

「わかった。ただし条件がある。君たちが青少年健全育成とサッカー振興を目的としたＮＰＯを作ってくれて、芝の管理や大会企画などを一手に引き受けてくれるなら直ぐに取り掛かろう」

平成21年10月。ＮＰＯ「ドリームサッカー相馬」結成。

約束どおり私は平成23年5月オープンを目差し、相馬光陽サッカー場の整備に着手した。内容は、一面は排水の暗渠やスプリンクラー付きの天然芝コート、また手を加えなくても子どもたちが遊ぶには十分と考えて3面の野芝コート、一般用トイレおよび身障者用汎用トイレ、駐車場、簡単な事務室などである。

FIFA・JFA 支援　相馬光陽サッカー場リニューアルオープン

ところが。

3・11の大津波はサッカー場まで押し寄せた。海側に作った駐車場は冠水、せっかくの天然芝も一部が海水を被った。工業団地の津波対策設計海抜が6メートルあったことと、港の構造物で波の勢いが減衰されたこともあり被害は思ったほどではなかったが、周囲にがれきが散乱し、窪地の海水がいつまでも引かない光景はサッカー場建設どころではなかった。何より、その日その日を生き延びることばかり考えていた我々は、サッカー場のことなどすっかり忘れていた。あの頃は、災害関連死を出さないことと、避難所から一刻も早く仮設住宅へ移し、被災者に一息ついてもらうことで頭がいっぱいだった。被害をこれ以上拡大させないことや、漁港の復旧など失った機能の手当てをすることが最優先課題だったのである。

そんな4月の下旬、対策本部と市民の気持ちがガラッと変わるようなニュースが飛び込んできた。

両陛下が相馬市にお見舞いに見えられるというのだ。

復興交流支援センター
平常時は相馬光陽サッカー場の利用者用施設として活用
（平成26年9月15日完成）

当時はまだ、相馬市に入る業者も放射能を気にしておっかなびっくりだったし、市民も本当に逃げなくて大丈夫だろうか?という気分で暮らしていたから、みんなが来たがらない相馬市に両陛下がおいでになるという報道がどれだけ市民を元気づけたことか。しかも、ヘリコプターから降りられる場所が、完成間近だった光陽サッカー場のあの駐車場だと云うのだ。

行幸啓は5月11日。

私はヘリコプターがお着きになるまで直立不動でお待ちし、お近づきになられた両陛下に向かって生涯一度の最敬礼をしてお迎えした。被災地をご案内しながら、市民の喜ぶ表情を見て驚いた。昨日までの被害の甚大さに沈んでいた顔つきではなく、明るさが戻っていたのである。約3時間のご滞在のあと、サッカー場の駐車場からお見送りをした私は、光陽サッカー場を早くオープンさせて、子どもたちにも前を向かせなければと思った。

そんな私を見て、相馬市に子どもたちのPTSD対策支援に入ってい

天然芝の植え付け

た星槎グループの宮澤会長が動いてくれた。全国の関係者に相馬のサッカー支援をお願いして回ってもらったが、オープニングの際はサッカーの名門清水商業の大瀧監督に頼んで、現役部員とJリーガーになっているOBを引き連れて、相馬高校との練習試合や子どもたち相手のサッカー教室を開催してくれるというのだ。7月17日。芝の緑がまぶしい日差しのなかで、会場いっぱいのサッカー少年たちを前に光陽サッカー場のオープンセレモニーが行われた。大瀧監督はどちらかと言えば物静かだったが、話しているうちに実直な方だということがすぐに分かった。「必要ならまた来ますよ。我々は相馬の復興をサッカーで応援しますよ」と言ってくれたことが有難かった。この日以来、1年8カ月の間に1、550チーム24、400人が利用している。芝の管理や会場の利用受付などを担当するNPOも本当によくやってくれている。

ところが。利用者の中には放射能がどうしても心配という保護者がいて、芝をすべて根っこから張り替えるか人工芝を敷いて欲しいという要望が寄せられるようになった。光陽サッカー場の放射線量はリアルタイムに確認できるよう掲示しており、大体1時間あたり0.4マイクロシーベルトぐらい。コート上の滞在時間を考えれば被ばく線量としてはわずかなものだが、放射線の場合は安全と安心の違いが大きな問題である。安心だと思ってもらえない限り、健康面を心配しながらのプレーが精神に良い訳がない。

しかし、人口芝となると安く見積もっても1億円はかかるし、芝の全面張り替えもそれなりの予算を要する。何よりあらゆる分野のスポーツがある中で、サッカーにだけ予算をつぎ込むことは出来ないし、復興事業のほうを優先させなければならないという事情もあった。

そんな折。日本サッカー協会から「ＦＩＦＡフットボールセンター緊急支援事業」の情報を戴いた。被災3県へのＦＩＦＡ（国際サッカー連盟）からの支援事業を相馬市において実施できる可能性を示してくれたのだ。内容は相馬市が日本サッカー協会に土地を無償貸与して、日本サッカー協会が天然芝および人工芝のコートを整備し、相馬市に無償で使用させるという支援策である。芝の管理については、3年間は専門家を派遣してもらえる。その後は相馬市の管理となるが、この間に技術を学べばＦＩＦＡコートのレベルを下げないで済むだろう。

日本サッカー協会からは事務局長の福井さんに何度も現地を見にきてもらい、こちらも要望を重ねた。その結果、人工芝1面と天然芝3面をＦＩＦＡと日本サッカー協会の支援で整備して戴けることになった。形としては公用地の無償貸与なので、議会に諮り了解をもらった3月6日、私は満を持して日本サッカー協会に大仁会長、田嶋副会長、田中専務理事を訪ね、昨年以来の長い協議に応じてもらった事や、相馬市にとって最良の結論を出していただいた御礼を申し上げた。

ＦＩＦＡフットボールセンターをしっかりと管理をしたうえで日本中に発信し、相馬市をあげてサッカー振興に取り組みたいので、大会の誘致や有名選手によるサッカー教室の開催など、今後の御支援をお願いした。ご理解を得て、協力をお約束して戴いたときは本当に嬉しかった。

同時に、子どもたちが放射能を気にせずにサッカーに熱中できるようにという、保護者たちの顔が目に浮かんだ。

また、うんと多くのサッカー愛好者に相馬を訪れてもらえば、津波で変わり果てた松川浦に代わって交流人口を増やしてくれることになる。

松川浦の旅館組合の人たちにも知恵を出してもらおう。ＮＰＯ「ドリームサッカー相馬」も張り切っている。

この際、光陽地区スポーツ施設の３ＮＰＯと宿泊施設側が協働して、それぞれの大会の調整や宿泊所のあっせんなどに、有機的に連携する仕組みも必要である。やるべきことは山ほどあるが、希望に向かって力を合わせる目標がまたひとつ出来た。

そう云えば、「ドリームサッカー相馬」とはよく名づけたものだ。平成15年以来のこの地区での出来事のひとつひとつ、特に３・11以来の２年間を思い出すと、まるで夢を見ているようだ。

essay

(26) PTSD対策とルイヴィトン社

2013年4月15日。世界的企業のLVMHモエヘネシー・ルイヴィトン・ジャパン社から寄贈を受ける、「LVMH子どもアート・メゾン」の着工式が、現地である相馬市中村二丁目で行われた。

震災後一カ月余りたった2011年4月18日から、相馬市では小中学校および市立幼稚園の授業を再開した。ところが、教室を運営する上ですぐに問題になったことは、津波被災地の子どもたちの「心の傷」だった。たとえば授業中に「海」とか「波」という単語が出てきただけで子どもたちが泣き出したり、そわそわして情緒不安定になるというのだ。毎日の災害対策本部会議で教育長から受ける報告は、一つひとつの事例が衝撃的だった。

エマニュエル・プラット LVMHモエヘネシー・ルイヴィトンジャパン株式会社代表取締役（左）と設計者の坂茂氏（右）
（平成24年4月4日）

そこで私たちはPTSD対策が喫緊の課題と考え、全国に呼び掛けて臨床心理士や保健師さんを募集した。発達障害などの専門家である星槎グループの宮澤保夫会長からの支援によるスクールカウンセラーをはじめ、東京都健康長寿医療センター研究所の高橋龍太郎副所長のご厚意で派遣をいただいた保健師さん、相馬市の応募に応じてくれた臨床心理士など、6人のスタッフによる緊急のPTSD対策チームを同年4月20日よりスタートさせた。この段階では、このチームを組織としてどのように定義するかより、何よりも一刻も早く対策を講じていくことが必要だった。

その後、PTSD対策は、10年ほどは継続してフォローしなければならない重要課題だと考えるようになり、対策チームをNPO法人として組織体制と財務を整え、相馬市教育委員会の関連組織と位置付けることにした。法人設立認可は2011年8月5日。運営にあたっては出来るだけ寄付金収入により財源を確保し、復興のソフト事業で人件費などの予算がつけば、相馬市から申請しNPOへの委託事業とするか、支援措置が無い場合には市の単独事業として必要なだけ捻出することにした。

私がこの事業主体をNPOとして、体系的・継続的なものに出来ると考えた背景には、4月に相馬市を訪れこの事業に支援を申し出てくれた「日本香堂」の小仲正克社長および大久保副社長と、1、400人の在学生徒から月々ひとり100円のカンパを集め毎月送金することを約束してくれた大阪市の「プール学院」のご厚意が大きかった。「日本香堂」の場合、毎年のチャリティー公演での場内販売の売り上げを全額、この事業に寄付していただいており、今年までの3年間の寄付金総額はゆうに5、000万円を超えている。

NPO法人相馬フォロアーチームのスタッフたちの動きは当初から活発だった。被災地の小・中学校と幼稚園のみならず、原発などで恐怖心を持った市内全域の子どもたちを対象に、猫足でそろりそろりと教育現場に入り込み、何気なく課題を探し出し、時には顧問のドクターを連れて仮設住宅まで足を伸ばした。現場での信頼を得た彼らは先生方の悩みや相談にも応ずるようになった。

勉強の成果を挙げ、学校での授業時間を自信を持って過ごすことも有効な対策である。また世界中からご寄付を募った「震災孤児遺児義援金」は、彼らの大学進学を経済的に可能にするのに十分な金額をお寄せいただいたが、大学入試に合格するだけの学力をつけさせることも、ご厚意に対する義務であった。

よってNPO法人の事業に、「学力向上」も加えることにした。当時文部科学副大臣だった鈴木寛参議院議員に相談し、彼の紹介で東京大学副学長の武藤先生にお会いした私は、相馬市の被災児童をはじめとする市内の子どもたちのためにボラアティアの学生さんを募っていただけないかとお願いした。ご理解とご厚意を戴いた我われ相馬市は、仮設住宅での「寺子屋」や意欲ある中学生を対象にした特別学習教室などを運営している。

実は鈴木寛議員とは放射能による子どもたちへの健康被害について、徹底的に話し合った仲だった。放射能対策のために18歳以下のすべての年少者の、内部被ばく、外部被ばくを測定し、厳しい基準となるが年間被ばく量1.6ミリシーベルト以上のケースには除染をはじめ生活指導や健康管理などを徹底して行い、精神的なダメージなど二次的な被害を出さないための冷静な対応策を策定・実行する上で、彼との議論は理論的な基盤になった。その結果、今日の段階で相馬市では年間被ばく線量が1.6ミリシーベルトを超える子どもは無くなった。しかし一番の問題は、女生徒たちが将来の出産の際に異常分娩になるので自分は結婚出来ないと思い込んでいるケースが多いという現実だった。これは紛れもないPTSDである。科学的な根拠もなく無責任に不安を煽るだけの方々の心無い発言が、福島県の子どもたちの心の傷を深めているのだ。この点でもNPOとしてしっかりフォローして行かなければならない。

オープニングセレモニー
（平成26年7月2日）

NPO法人が順調に機能しだした2011年の10月。すでに副大臣を離職されていた鈴木寛議員から、東日本大震災の被災児童の支援を考えていたルイヴィトン社をご紹介いただいた。日本法人本社にお伺いした私は、相馬市のPTSD対策や学力向上の取り組みなどを説明して、同社の支援をお願いした。日本法人のエマニュエル・プラット社長は、私の取り組みを「クリエイティブ！」とおっしゃってくれて、「相馬市への支援を考えよう」と言われた。そこで私はＰＴＳＤ対策の拠点となり、やがては子供たちの情操教育の場となるような「子ども館」をご寄付いただけないかとお願いした。鈴木寛議員のプレゼンテーションも社長の心を動かしてくれたのだと思う。「場所や規模などの検討を始めましょう」、とのお応えをいただき、同社の齋藤広報部長さんと企画に取り掛かった。

相馬市街地の中村二丁目に、かつての市営住宅の跡地で、現在は更地となっている500坪の空き地があった。この場所に齋藤部長をご案内し敷地としてのご了解をいただいて、ボランティアで設計を担当して下さるフランス在住の国際的建築家・坂茂先生の設計による「ＬＶＭＨ子どもアート・メゾン」計画がスタートしたのが２０１１年の12月のことだった。

流石に世界的な建築家だけあってデザインや発想が斬新である。

２０１３年末に完成の予定。この施設にはＰＴＳＤ対策の本拠地としての機能もさることながら、子どもたちの情操教育の場となるような仕掛けが散りばめられている。お話の読み聞かせの部屋、お絵かきの自由な部屋、絵本などを展示閲覧する図書室、緑豊かな中庭など、ＬＶＭＨ社が目指す「クリエイティブ」な感性を育むための小部屋配置の設計を見ると、子ども時代に戻りたくなるようでとても楽しい。

震災直後の、次から次へと起ってくる問題に一つひとつ向き合ってき

作曲教室

た努力が、次の展開と新たな支援者を得て、相馬市の子どもたちの可能性の芽を大きく育てる器に変わろうとしている。今日まで我われを励まし、子どもたちの未来に力と夢を与えてくれた方々に感謝の気持ちを持ちながら、「ＬＶＭＨ子どもアート・メゾン」の完成を待ちたいと思う。

essay

(27) 相馬観光復興御案内処と千客万来館

震災で失われた松川浦の景観は、以前は観光資源として多くの人々を相馬市に呼びこんできた。そのため松川浦の周辺には旅館や民宿が栄え、農業・漁業の傍ら手伝いをする地域住民の雇用を産んできた。観光客であふれ、潮干狩りで賑わった初夏の風景が今でも瞼から離れない。

私たちが子どもの頃から慣れ親しんできた美しい松林が、津波に流されて無機質な土手になってしまった今、悲しさを通り越して空虚な気持ちになる。植林に励んでも松林が再生されるまで、あと何十年かかるのだろうか?

千客万来館・中央公民館
(平成 27 年 2 月 15 日オープン)

それでも震災直後は、被災した火力発電所の復旧工事の作業員で旅館も民宿も一年ぐらいは大忙しだった。しかし発電所の復旧工事が終わってみれば、観光資源を失った閑静さばかりが目立つようになってきた。復興事業に伴う市外からの宿泊の需要は依然としてあるものの、市内のビジネスホテルが吸収してしまうため、観光旅館や民宿に泊まってくれる人は少数である。追い打ちをかけるように、原発事故により地元の魚介類が敬遠されるようになったため、観光客獲得には頭を痛めていた。

そんな私に一筋の光明を与えてくれたのが、日本サッカー協会によるＪＦＡフットボールセンター建設計画のご提案だった。天然芝3面・人工芝1面、併せて4面の公式コートをFIFAの被災地支援として整備してくれるというものだった。その後totoの支援を得て相馬市が整備する人工芝1面を加えて、合計5面のサッカー場の整備が決まった時は、サッカー少年たちの笑顔はもちろんだが、旅館や民宿の女将たちの顔が眼に浮かんだ。松川浦の松が茂るまで、サッカー王国で繋いでやろうと希望が湧いた。

相馬市の工業団地東地区に隣接する石炭灰埋立処分場の上には、東北最大級9コースのパークゴルフ場と、4面同時に試合が出来るソフトボール場がすでに整備されており、それぞれが愛好者で組織されるNPOにより管理されている。NPO「ドリームサッカー相馬」の管理する旧サッカー場も、JFAフットボールセンターとして生まれ変われば、3つの施設を併せて強力なスポーツ観光戦略が展開できる。それぞれの大会の開催をはじめ、合宿誘致や、有名選手のスポーツ教室開催など、企画と営業次第で交流人口を増やし宿泊客を確保することができる。

もうひとつ私にとって意外な展開だったのが、復興の進み具合を見学しようという相馬への来訪者が増えてきたことだった。井戸端長屋は財務大臣、国交大臣はじめ多くの国会議員の方々にご視察いただいたが、続いて完成した戸建て住宅や、磯部の公民館、原釜の漁労倉庫、高松の防災倉庫など、復興に向けて取り組んできた成果を視察される方々が増えてきている。私はバスの窓から被災地や仮設住宅を見て、「大変ですねぇ」と言って通り過ぎるだけの方々はむしろ迷惑なだけと思ってきた。しかし今日までの相馬市民の頑張りを今後の災害対策の参考にしようというのなら、喜んで情報提供しようと思うし、視察にあたって相馬にお泊まり頂くなら大歓迎である。よって10人以上の団体が宿泊を伴い復興の視察にお出でになるなら、市の職員が簡単にご案内と説明をすることにしている。これ以下の小人数で「ご案内願いたい」と申し込まれる方々には観光協会が対応しているが、こちらのほうも増加傾向にある。

そこでサッカーの大会などの際、光陽地区のNPOと連携して宿泊などを手配し、復興視察に説明とご案内付きでお出迎えする施設を企画した。旅館など観光事業者の意欲を鼓舞し、目的を分かりやすく発信するために、「千客万来館」と名付けて復興庁と協議させてもらった。千客万来館には事務室と身障者対応トイレのほかに以下の施設を備える。お出迎えのためのエントランスホール。災害対策の生き

廊下

研修スペース

た勉強に来られる方のために、震災直後の対策本部の対応や復興への努力、放射線対策や今後の展望などをパワーポイントで説明するための研修室。靴を脱いで休憩するための和室。機会があれば郷土料理を振る舞うための調理室などである。さらに市役所庁舎の新築に伴って解体される中央公民館も、千客万来館に接続して建設するため、時間調整さえすれば150平米程度の二つの公民館のホールを使えることになる。

復興庁のご理解を得て、効果促進事業として今年度着工されることになったので、観光協会会長を兼ねる商工会議所会頭、松川旅館組合、相馬市旅館組合、それとサッカー場、パークゴルフ場、ソフトボール場の指定管理者となっている光陽地区の3NPOと市の間で具体的な組織作りの協議に入った。スポーツについては大会の企画からはじまり、宣伝、運営、選手をはじめとする来訪者のお世話。復興視察は申し込み受付から宿泊の手配、千客万来館での説明、ご案内など。ご案内スタッフは今でもボランティアの方々にお願いしているが、数を10人程度に増やしてローテーションなどを決め、システム化したい。

総指揮官である処長は商工会議所会頭にお願いすることにして、10月1日、「相馬観光復興御案内処」がスタートした。御案内処という名称になっているが、これはあくまでも組織であり、商工会議所の下部団体として市役所と連携して交流人口の拡大を図る。

来年度は、津波で亡くなった方々の霊を慰め、原型を全く留めていない原釜、尾浜、磯部のかつての風景を写真展示するなどして相馬市の記憶に留めるための「鎮魂祈念館」の建設に入る計画である。完成すれば、地域の人々は勿論のこと、相馬市を訪れる多くの方々を招き入れることになろう。こちらの管理運営も相馬観光復興御案内処で対応する予定である。

市長メールマガジン 2014/08/19 発行

essay

(28) 骨太公園

震災後多くの被災者が入居した仮設住宅の暮らしで、孤独死を出さないことを一番の目標としたが、一棟5世帯を代表する戸長さんと集会所ごとの組長さんたちの見回りにより、現在のところ相馬市の仮設住宅での孤独死は発生していない。私は15ブロックの組長が集まる会議に出来るだけ出席するようにしているが、感謝の気持ちでいっぱいだ。この震災を通して、地域の人々どうしの繋がりが、人生にとって如何に大切かを改めて実感している。

二番目の目標としては、やはり長期的な仮設住宅生活に備えての健康維持だった。福島県の場合、特に放射線被曝という特殊な問題を抱えているが、綿密な空間線量測定に加え、子ども達の外部被爆検査とホールボディカウンターによる内部被曝検査を、全学童を対象に行うことにより、複数箇所にまたがる仮設

住宅建設地域での居住者への被曝が極めて少ないことを確認しながら放射能対策を進めてきた。

次は成人病対策を含む体調管理である。栄養の偏りを防ぐため、孤独死対策の目的も兼ねて、65歳以上の老人と子どもを対象に夕食の惣菜を毎日2品配ってきたが、やはり仮設住宅の4畳半の生活は成人病を加速させる環境だった。

相馬市では、東大医科学研究所の上教授とそのスタッフ達、また東大医学部国際保健政策学教室の渋谷健司教授や、さらに相馬市医師会の先生方の協力を得て、仮設住宅特別仕様の健康診断を毎年行ってきた。費用は、ノバルティス・ファーマからの支援金を充てている。

特に気を使ったのは血糖値、高脂血症、それと骨そしょう症である。仮設住宅の手狭な暮らしが原因で運動不足になっていることに加え、放射能の被害によりあまり食べなくなった魚貝類に含まれるビタミンD摂取量が減ったことなどを心配したのである。

そんな折、平成25年、26年と頼もしい援軍が来てくれた。福岡市の豊栄会病院の理学療法士の方々と、九州大学整形外科の石井武彰医師だった。彼らの支援を得て、理学療法士による運動機能検査に加え、超音波による骨密度の検査を行った。

結果は、やはり心配していたとおりの傾向を示していたが、全体の健康管理対策としてはラジオ体操や歩行などの運動を出来るだけ進めること、夕食の惣菜に魚介類を出来るだけ加えること、それと食事の嗜好を改めてもらうような保健師による栄養指導などである。

多くの方々の努力の甲斐あって、災害公営住宅への入居が進んでいるが、25年の秋に九大の石井医師が興味深い提案を残していった。「災害公営住宅に併設する公園には、散歩によって骨そしょう症対策になるような遊歩道を考えたらどうか?」というもの。

チャルメラカー

相馬市が高台移転による災害公営住宅を整備する地点は、全部で7箇所。うち最大規模となる刈敷田地区は総面積約7ヘクタール。内訳は一戸建て住宅70戸、9世帯入所の集合住宅4棟、80坪~100坪の分譲地43区画、集会所一棟、それに1、000坪のミニ公園である。竣工を今年度中と予定しているが、移転終了後は144世帯の立派な集落となるので集会所や公園を整備するとともに、買い物弱者のための移動販売車「チャルメラカー」や、中心市街地への通院や買い物のための「お出かけミニバス」の運行により自立支援を図っていくことにしている。

このうち1、000坪のミニ公園について石井医師からご提案をいただいた訳だが、我々はここで改めて被災地の都市公園の役割について検討してみた。一般的に都市公園は、防災目的・地球環境保全などのほかに、「子供からお年寄りまでの幅広い年齢層の自然とのふれあい、レクリエーション活動、健康運動、文化活動等多様な活動の拠点（国土交通省）」とされている。しかし、子ども達のための遊具は目に付くが、これからの高齢化社会に向けての工夫があっても良いのではないかと考えてみた。被災地の高齢化率と世代間人口バランスは人口動態の上で、10年あるいは20年後の日本の姿を先取りしているとも言われている。

仮設住宅での生活を支援してきた相馬市としては、これまでの検診データや経験を踏まえて子どもと高齢者のふれあいや、コミュニティー構築推進の役わりに加え、高齢者の運動機能維持に役立つような歩道を設計することにした。設計に当たっては去年に続き今年も検診支援に来てくれた豊栄会病院の理学療法士の方々の知恵を借りた。

歩道を一周するとある程度の運動負荷がかかり、筋力維持が図られるよう高低差を付けること。手すり付で「け上がり」の低い階段と、車椅子のためのスロープを並列させ、休憩のための東屋を二カ所造る。ベンチの近くにはストレッチのための壁を作り、気軽に全身運動も出来るようにすることなどの工夫を入れた。

新しい災害公営住宅の集落のコミュニティーが機能するように、向こう5年間は前述の組長制度に準じた特別行政区長を置くことにしている。地域リーダーを中心に、設計した理学療法士の方々の指導も仰いで身体的・社会的な健康維持・増進に努めて行きたい。

公園のネーミングだが、石井医師は最初、東北だから「奥の細道」にちなんで「骨の細道」というのはどうだろう?と提案した。ところが骨そしょう症に備える公園が、「骨が細く」なったら骨折するではないか!と、散々責められた挙句、スタッフ一同「骨太公園」なら元気そうで良いのではないか?ということに決まった。もともと整形外科医としての石井医師の優しい提案から始まった企画である。みちのくを歩いて野に詠った松尾芭蕉を想うあたり、人間味があふれて微笑ましい。ありがとう。

essay

(29) 2014マニフェスト大賞グランプリ(平成26年11月14日受賞)

11月14日。今年度のマニフェスト大賞グランプリの発表と表彰式があり、北川正恭審査委員長からグランプリを戴いてきました。以下、御礼と報告です。

マニフェストとは、もともと政治家が選挙の際に出す公約を有権者との「契約書」として提示し、後のちその実現状態を検証・評価されるというものです。以前は公約というと、例えば、「教育の充実を目指します」とか「農業振興のために働きます」などと、後から検証・評価しようもない美辞麗句ばかりでした。

そこで、公約の具体性や、当選後の検証・評価のために、マニフェストに条件を付けます。

(A) 後のちの検証のためできる限り数値化する(たとえば待機児童をゼロにするとか)

(B) 数値化が困難でも検証大会で評価の対象になるように(たとえば学力向上が実を結んだかどうか)

以上のように、客観的な検証・評価の対象となりうること、更に再検討・実行を加えることによりPDCAサイクルによって改善と更なる効果を生み出すことのできる政策をマニフェストと定義します。

2004年あたりからこの運動が本格化し、政党の国政選挙での政権公約をマニフェストと呼ぶようになりました。地方の首長選挙の場合はローカルマニフェストと言います。「検証可能な」という点で、具体性を有し、かつ数値目標を設定するように求められるようになりました。

今ではマニフェスト型選挙が一般的になりましたが、選挙の投票行動は結果を検証されるずっと以前に行われるので、誇大な公約に有権者は惑わされることもあります。２００９年の政権交代のマニフェストがそうでした。子ども手当、高速無料化など、後になってみれば財源的に実現困難だった政策が有権者の判断材料となってしまったのです。

しかしながら、マニフェスト選挙という考え方により、選挙公約を「福祉に力を入れます」「農業振興に努力します」など、アバウトに訴えるやり方から、検証可能な数値目標を明示して公約とする手法が一般的に普及したため、立候補する政治家の行政能力・政策立案能力が問われることになりました。

私はマニフェスト選挙という考え方は間違っていないと思っています。しかし有権者にも、マニフェストとして政策を提示する政治家やその政策が、果たして実行力や実現可能性を伴っているかどうかを判断する力が必要とされるようになりました。

今年度のマニフェスト大賞は、市民・議会・首長部門合わせて2、200件の応募がありました。市民・議会のマニフェストというのは、議員の政策やＮＰＯなど市民活動も含めての活動方針とその実態が選考対象になりました。

相馬市の場合、被災当日の深夜に具体的な行動方針を策定して、災害対策本部でスタッフ一同が目的意識を共有しながら対策に当ったことや、2011年6月策定以後進めてきた復興計画を相馬市チームとして着実に実行している点など、選挙公約とは趣旨が異なるものの、未曾有の危機に直面しながらも冷静に具体的な政策を示し、スタッフ一同が共通の目的意識をもって復興に当って来たことが評価されました。

被災者の人生とその生活の場である郷土を再建するために、直後の行動方針や中長期的な復興計画という「マニフェスト」として職員や市民に提示したのは市長ですが、これを不眠不休の疲れと闘いながら着実に実行していったのは市役所の職員たちであり、苦しさに耐えながら協力したのは消防団員をはじめとする市民です。市内の二つの病院や老人施設の職員たちも立派でした。いつ悪化するともわからない原発事故の心配と闘いながら病人や要介護老人を守りました。被災者も避難所、仮設住宅の厳しい生活の中で整然とコミュニティーを維持してくれました。今日まで津波被災者のなかから孤独死・自殺者を一人も出さずに済んでいる要因は、人々どうしの絆であり、市役所との意思疎通をスムーズに取り得る城下町・相馬の文化だと思っています。故郷の再興のために自分たちに出来ることを団結してやろうと立ち上がった、「東部再起の会」のメンバー達は、高台による災害公営住宅建設のための土地買収に協力してくれました。親戚・友人・知人の伝手を頼り、多くの仲間とともにお願いに行ってくれました。まさに市民との協働による復興加速でした。特筆に値すると思います。

その他、被災直後の友好自治体からの水・食料などの支援。復興事業に当っては技術者の派遣を頂きました。自治体どうしの日頃の付き合いがいかに大事かと言うことも学ばせて頂きました。またルイヴィトンや日本香堂をはじめとする諸企業から多額の援助を頂きました。日本サッカー協会のように、公認サッカーコートを4面も現物で戴くという「大技」で、交流人口拡大に大きな力になって頂いたところもあります。

グランプリという栄誉に輝いたのは、以上のように復興計画が着実に実行されてきた結果ですが、能力をフルに出して頑張った市職員をはじめ、市民や、多くの関係者のお蔭です。心から感謝の意を表したいと思います。

（30）スポーツの力で子どもたちを笑顔に『相馬こどもドーム』（平成26年12月18日）

子どもたちが安全な環境で、のびのびと運動するための屋内スポーツ施設『相馬こどもドーム』の完成イベントが平成26年12月18日、行われました。

この施設は、宮城県に本拠地を置く楽天球団が中心となって設立した「屋内スポーツ施設建設募金団体」が施設建設のために全国から寄せられた募金により建設されました。

市長メールマガジン 2015/03/31 発行

essay

(31) 東部再起の会(災害公営住宅全戸完成)

去る3月26日。相馬市で最後の災害公営住宅建設となる北高野住宅団地(通称荒田地区)の落成式が行われた。これで計画した410世帯分がすべて完成した。内訳は井戸端長屋5棟58世帯分、若夫婦向けアパート形式4棟36世帯分、そして一戸建てが316棟。今後は仮設住宅からのスムーズな引越しを、移行プログラムに添って進めていくことになる。公営住宅のほかに自力で自宅を新築する被災者のための分譲地の区画も造成したので、宅地開発は9箇所、総面積にして30ヘクタール余りとなった。一部の公園・集会所や外構工事が残っているが、概ねの住宅建設を孤独死0のうちに、26年度中に終えることが出来た。

ハード事業については、松川浦に漁業組合の荷捌き施設と本部事務所、磯部地区に建設中の水産加工工場、16漁業者分の漁労倉庫、新しい市役所庁舎、地盤沈下対策のポンプ場、次の震災に備えての避難道路や橋梁など、此れからもまだ続くが、苦労して高台に用地を求め造成し、災害公営住宅となる生活の拠点が完成したことには感無量だった。

震災の翌朝、一晩中の対策会議と緊急対応の後に消防団長らと被災地に向かった私が見た光景は、人生観が変わるほどの驚愕と悲壮感以外の何物でもなかった。自分の生家は流されてどこにも見当たらず、弟夫婦の生存すらわからない。呆然と一面の瓦礫の原に立ちつくし、私はこの現実にどうやって対処したらよいのか?

目の前の瓦礫の原だけではない、避難所には4、500人の被災者がいる、次の犠牲者を出さずに生活再建を図る方法などあるのだろうか?

気がついたら、私の背中につかまって声を出して泣いている人がいた。「原釜が無くなった。醤油屋が無くなった」。私を案じてくれるその親戚の人に向かって「大丈夫だ。何とかするからもう泣かないでくれ」。反射的にそう言って、団長たちと被災現場を後にした。

あれから4年。

私を絶望の淵に陥れた大量のがれきは、放射能汚染による除染枝葉も含めてすべて焼却することが出来た。相馬市のがれきは放射能汚染の問題があり、最初は手を付ける事も許可されなかったが、相馬市民の理解により仮設焼却炉を比較的早く建設出来たし、木質がれきや除染有機物を地元集落の人々の線量測定協力によりセシウムの非・排出を確認しながら無事焼却し終わった。

もうひとつの重要課題は住宅の再建だが、次の津波に備えての高台移転は容易なことではなかった。被災者が希望する候補地はおしなべて面積が狭く、また地主の数が多いため土地の買収は絶望と思われた。海岸部よりも少し奥に入る刈敷田地区と細田地区は、大地主の方が震災復興に理解を示してくれたため比較的早期に造成計画に着手出来たが、海岸部から近い高台地点である南ノ入地区と荒田地区は畑や林が混在し、それぞれの地権者が100筆を超えていた。しかし沿岸漁業を主産業とする原釜・尾浜地区の被災住民たちは漁港から遠くには行きたくないという。

そんなある日。原釜・尾浜地区の被災住民たちが連判状を持って市長室にやってきた。「東部再起の会」という団体を作り、私に地域再生のための住宅建設を急げと言うのだ。メンバーは私が子供のころから見知った人たちである。幼なじみもいるし、親せきもいるし、私の家が檀家になっている寺の坊さんまでがいる。「冗談じゃない。俺の家も流された。連判状に名前を書きたいのはこっちの方だ!」。そう思った私は、この人たちと私の願いが同じなら、なにも一緒になってやれば良いのではないか?と気がついた。

高台移転の適地と思われる南ノ入、荒田地区の合計約200筆の地権者を前に、相馬市役所の力ではとても買い切れないと思われていたが、東部再起の会の機動力は驚くばかりだった。地縁・血縁を探し当て、地権者の自宅に団体で押し掛け、集団拝み倒し波状攻撃作戦に出たのだ。地元と縁のある地権者は何回も来られるうちに、最後は情にほだされ

東部再起の会に協力を頼む筆者

てしまう。役所の紋切り型の交渉とは決定力がまるで違った。中には相続人が全国にちらばり地元では完結出来ない交渉もあったが、こちらは市役所が受け持った。

東部再起の会が用地買収に協力し始めてから2年後の２０１３年、我われはやっと南ノ入地区と荒田地区の造成工事に着手することが出来た。ふたつ合わせて約80戸の住宅と、自力再建のための分譲地40区画を整備する立派な住宅団地である。我が家も先祖代々原釜に居住したのだからという88歳になる父の意向で、荒田地区の分譲地を購入することにした。

北高野団地災害市営住宅竣工式
（平成 27 年 3 月 26 日）

もしも、東部再起の会の地元の人々の協力が無かったら、刈敷田地区や細田地区の住宅の面積を細分化するか、集合住宅を増やさなければならなかった。相馬市では将来、出来るだけ多くの公営住宅入居者に土地ごと払い下げをする計画で意向調査と入居予定調整を進めてきた。やはり自分の財産にしてもらったほうが生活再建の役に立つと考えたからである。行政としても、将来の市長さんに410戸もの市営住宅を管理させるよりは、入居者が自分の持ち家として、今回苦労して造った住宅を大切にしてもらいたい。

復興事業はまだまだ続く。特にソフト事業については産業再生、放射能対策、子ども達のＰＴＳＤ対策など気を緩めることは許されない。

しかしこの度の災害公営住宅全戸完成は、子ども時代からの同朋たちと一緒に一つの山を越えた、ささやかな喜びだった。

落成式では、東部再起の会の役員26人に私の自筆の感謝状を手渡しさせてもらった。一人ひとり握手を交わし大きな声で名前を読み上げた。

そして27番目に名前を呼ばれる人がいるとしたら、それは私である。

第5章

復興期

（平成27年3月27日～）

（1）災害市営住宅の完成（平成27年3月26日　9地区410戸すべて完成）

細田東団地
（平成 26 年 3 月 28 日）完成
▽戸建 65 戸▽井戸端長屋 12 戸

程田明神前団地
（平成 25 年 3 月 30 日）完成
▽戸建 46 戸

南ノ入団地
（平成 27 年 3 月 16 日）完成
▽戸建 28 戸

刈敷田南団地
（平成 27 年 3 月 3 日）完成
▽戸建 70 戸▽アパート 36 戸

北高野団地
（平成 27 年 3 月 26 日）完成
▽戸建 51 戸

山信田団地
（平成 27 年 3 月 26 日）完成
▽戸建 56 戸

市長メールマガジン 2016/01/03 発行

essay

(2) 復興と地方創生

3月で丸5年。4月からは「復興・創生期間」が始まる。

今日までを振り返り、私なりに反省すべき点や忸怩たる思いが全く無いとは言えないが、冷静で賢明だった多くの市民の協力や、全国・全世界の温かい支援を受けて、相馬市の復興は概ね計画通りに進んでいると感じている。特に市役所の職員たちの能力が私の想像をはるかに超えていたことには、嬉しい驚きを持ってこの5年間を過ごしてきた。2014年のマニフェスト大賞で、我われが日本一の栄誉を頂いたことなどは大きな励みになった。

しかし。殉職した消防団員や、私の親戚や友人を含め犠牲者となった458人の無念を思えば、復興はちゃんと出来て当たり前、せめて震災前より少しでも良くならないと勘弁して貰えないだろう。

漁業の風評被害や農産物の買い叩かれなど、地域経済に影を落とす問題は、なかなか出口を見出すことが難しいが、彼らの応

相馬市地方創生
総合戦略会議

援団としての相馬市のやるべき仕事は着実に進めて行かなければならない。

漁業については昨年暮れの共同集配施設の完成に続き、今年の前半には磯部地区に加工工場と16人の漁業者のための漁労倉庫が完成の見込みである。また夏を過ぎたあたりには漁協の本体ともいえる本部事務所と荷捌き施設が完成する。津波で消失した漁協の直売センターも再建する予定だが、市民のための市場になるよう、JAや商工会議所をはじめ市民の知恵を集めて作るための検討委員会も年末から始まった。農業についても被災した水田1、100ヘクタールの土地利用の目途が立ったので、それぞれの工事の発注を進めている。

ところが。

復興で頭がいっぱいだった昨年の始めあたりから、地方自治体の35年後の生き残りをかけた「地方創生」の議論が日本全国を席巻するようになる。せめてあと3年も遅れて議論が始まってくれれば良かったのだが、震災の傷が癒えていない我われ被災地にとって、地方創生という掛け声の地域間競争の嚆矢は、背筋が凍るような厳しい現実を突き付けられた思いがした。第一、しっかりとしたビジョンを「地方創生総合戦略」という形で示さないと国か

プロジェクトチーム会議

らの交付金に影響するというのだ。

コンサルに頼むというやり方もあったが、相馬市のことを一番分かっているのは一人ひとりの相馬市民自身だし、何よりみんなで問題意識を持って取り組まなければならない自分たちの故郷の問題なのだから、市民の英知を結集することがベストの方法だと考えた。そこで最初に市役所の職員たちが9公民館で震災の復興状況の説明会を行い、次に市内全世帯からのアンケートを取ることにした。地方創生の重点課題として、「産業・雇用」、「観光・交流」、「子育て・教育」、「高齢社会対策・健康増進」、「歴史・文化・郷土愛」の5つのテーマを示し、それぞれの市民が重要と考えるもの、またはその他に必要と思えるものや、実現のためのアイディアなどを書いてもらい、行政区長に回収してもらったところ、実に8割の世帯から意見を聴取することができた。

役所のチームはこれらの回答を整理・分析の上、団体と地域の代表からなる47人の相馬市地方創生総合戦略会議を結成し、テーマごとの分科会に分かれてアンケートを基に協議を重ねた。最後には各分科会での提言をまとめて全体の委員に披露、自分の属さない分科会への提言もその是非を巡って大いに議論し、最後に私が座長になってまとめ上

住民説明会

げたのが去年の9月のこと。

復興に全力を挙げている我われの地域だが、私が唸ったことは、復興事業により出来上がったものを観光資源とか、社会資本として今後に利用しようという、大震災を乗り越えた地域づくり目指す提言が目についたことである。また今後の復興事業の際には、地方創生に役立つような視点に立てという意見もあった。

勿論、戦略を目的達成のための戦術に変えていくためには、行政の技術はもちろん市民との協働が必要だが、「復興・創生期間」の初年度となる今年は、震災復興に将来への希望というプラス思考も大いに加えて、孫たちのために頑張りたい。

（3）住宅団地集会所　5地区完成

細田東住宅団地集会所
（平成 27 年 3 月 23 日）完成

刈敷田南住宅団地集会所
（平成 27 年 10 月 19 日）完成

南ノ入住宅団地集会所
（平成 27 年 10 月 19 日）完成

北高野住宅団地集会所
（平成 27 年 10 月 19 日）完成

鷲山住宅団地集会所
（平成 27 年 10 月 19 日）完成

（4）東部子ども公民館（平成27年10月31日開館）

地域と連携しながら「子育てサロン」や「放課後児童クラブ」などを開設し、子どもと保護者、地域の高齢者との世代間交流の拠点として活用

東部子ども公民館フェスティバルが平成 29 年 6 月 17 日、同公民館で開催され、多くの親子が訪れ、催し物を楽しみながら、地域の高齢者との交流がはかられました

(5) 沿岸部の雨水排水対策

松川ポンプ場完成
(平成 27 年 12 月 11 日)

細田ポンプ場完成
(平成 28 年 9 月 28 日)

地震の地盤沈下により松川地区と細田地区は、雨水が流れる先の松川浦より標高の低い土地が広範囲に出現しました。

この２つの地域は、オランダのようにポンプにより松川浦に雨水を排水しなければなりません。

和風デザインのポンプ場が相次いで完成しました。

松川浦環境公園　津波により大量の流木が押し寄せました
(平成 23 年 3 月 31 日撮影)

NPO と住民による復旧作業が完了し、リカバリーオープン
(平成 24 年 7 月 22 日)

（6）原釜共同集配施設（平成27年12月17日完成）

原釜共同集配施設
相馬双葉漁協が管理し、仲買業者が各自の冷蔵庫を設置し、競り落としや、買い受けた魚介類の仕分けや梱包などを行います

内覧会が行われ、相馬双葉漁協や買受人などの関係者100名が集まりました

市長メールマガジン 2016/02/12 号発行

essay

(7) 見廻り御用

車の左右にマグネット式で張り付ける、ドア一枚分の大きさのステッカーの標語である。横には御用提灯のイラストも入れる。この車を学校の下校時間に合わせて一日トータル50台、地域を巡回してもらう。

最近増えてきている不審者に相馬の女性や子どもが襲われないように、60歳以上の市民のボランティアによる自衛団を組織して、相馬警察署のバックアップの下、それぞれの担当地域を15時から19時まで自家用車で走り回ってもらう計画を3月1日から実行する。

地域見廻りパトロール隊
出発式
（平成28年3月1日）

実行部隊である、市、地域の行政区長会、消防団、相馬警察署、防犯協会の有志からなる「相馬市地域見廻り協議会」が本日発足した。参加する市民はすべてボランティアである。従って「無償の善意」を市民の安全のために発揮してもらうことになるのだが、ガソリン代と車の借り上げ賃は必要経費なのでお支払させてもらう。制服の替わりになるお揃いのベストはこちらで用意する。

今から市民有志にお願いして廻ろうと思うが、二日に一回、出動してもらうとして100人の登録が必要となる。相馬市が進める市民との協働による地域づくりの一環だが、しっかりと実現できたら世代間の絆も深まるだろう。私も協力者を求めてお願いに歩かなくてはならない。

福島県には除染作業員が全国から集まり、その数は3万とも4万とも言われている。SPEEDIの通り道だった飯舘村や原発立地町村は除染作業が盛りである。相馬市の場合、地元業者で除染組合を結成し市内の作業員による事業がほぼ終了したので、線量の点からも不安を感じることは無いのだが、高線量の地域は膨大な事業量と向き合うことになるのだ。その作業員を全国から集めなければならないので、もちろん全員ではないのだが、中には問題の人たちも相当数いるらしい。昨年、二本松の宿舎から大阪に移動した作業員が殺人で逮捕されたことがあったが、作業員宿舎がある市町村の住民を震撼させた。

相馬市でも、下校途中の女子高校生がワゴン車の中に引きこまれそうになったことが新聞報道され、父兄たちを大いに心配させた。その他の噂も含めれば、女性たちは相当危険な状況に置かれていると考えなければならない。これは県内の多くの自治体が直面している問題なのだが、相馬市にも300人とか500人収容という除染作業員のための大規模宿舎が建設され、目の当たりにしている住民の不安が日増しに強まっている。

先月末ある市民から、自分も地域見守りの活動を始めたいから市も一緒になってやってくれという、お手紙を戴いた。差出人にお会いして話を聞くうちに、どこまで除染すべきかなどと議論する以前に、今すぐにでも市民と立ち上がらなければと思った。「来年度の4月から」などと言っていられない状況なので、2月に入ってすぐに動き始め上記団体に声を掛けたところ、賛同していただき今日の協議会発足となった。震災被害を乗り切ってきた市民パワーでこの難局に対応したい。

（8）磯部水産加工施設（平成28年2月18日完成）

磯部地区は、３つの集落が流出する大きな被害を受けましたが、地元の強い希望により漁港を復旧しました。

その水揚げされた魚介類の加工施設が完成。

地元の加工業者たちが結成した加工組合に相馬双葉漁業協同組合を通して無償貸与し、漁業の再生につなげようとしています。

この施設では、地域の特産品である小女子、シラス、ツブ貝、ホッキ貝などの加工を行っています。

磯部水産加工施設

水産加工設備

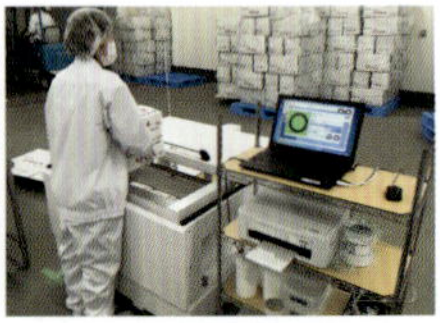
放射能測定

ホッキ貝の直売会
（平成 28 年 6 月 5 日）

市長メールマガジン 2016/04/19 発行

essay

(9) キッチンカーに載せる市民の思い

5日前の4月14日の夜に発生した熊本県熊本地方を震源地とするマグニチュード6・5の大地震は、5年前の東日本大震災の記憶を甦らせる衝撃的なニュースだった。我々の他地方の震災の際のルールとして、被災地の中に5年前にお世話になった自治体が無いかどうか調べたところ、熊本県玉名市と山都町から被災直後に支援物資を戴いていることが分かり、14日の夜のうちに両自治体にペットボトルの水を発送することを指示した。九州は余りにも遠いので運送業者に頼らざるを得なかったが、市民にもあの時の義理返しの趣旨を伝えるために新聞各社に連絡し、防災倉庫からのペットボトルの積み出しを報道してもらった。

ところが、最初のマグニチュード6・5の揺れから28時間後の16日の未明に、本震と目されるマグニチュード7・3のさらに大きな揺れが熊本地方を襲うことになる。東日本大震災との大きな相違点だが、二つの大きな揺れが夜間に起きて、しかも余震となる中規模な地震が一時間に数度の頻度で断続的に住民を襲うという事態に見舞われたのだ。災害の規模や死者の数では東日本大震災との比ではないが、震度5ないし6の大きな揺れが断続的にしかも夜間に住民を襲うとなると、その恐怖心は相当なものに違いない。5年前の震災の時も情け容赦のない余震に、ずいぶんと苦しめられた記憶が甦ってきた。

16日は土曜日だったが、市役所の災害対策チームに議会を含めた熊本地震対策会議を招集し、予め集めておいた現地の情報と、相馬市と少しでも関係のある自治体の震度情報を突き合わせる作業に入った。震度5以上で活断層の近傍とみられる対象エリア内の関連市町村は全部で12自治体。関連市町村とは、私が相馬市長として入会している団体、「社会資本整備を考える首長の会」「地方を守る会」の会員が合わせて10自治体、それに相馬市の誘致企業である「ハクゾウメディカル」の姉妹工場がある菊池市と、震災時に支援を頂いた玉名市の合計12自治体を支援の対象とした。

玉名市と山都町へ支援物資を発送
（平成28年4月15日）

相馬市が次の震災に備えて２０１３年に整備した防災備蓄倉庫には2リットルのペットボトルの水が２７、０００本、毛布が約7、０００枚在庫してある。水は、もしもの原発事故悪化に備えて毎年買い足しているが、毛布は震災の時に他の自治体から戴いたものである。在庫のそれぞれ1割程度を九州の支援に廻しても市が困ることはないし、5年前に支援を受けた自治体は相馬市と交流のあった自治体の数をはるかに超えていたことを考えれば、この支援は手始めと思わなければならない。12の関連自治体の被害の状況を詳細に把握することは出来なかったが、不要なら使いまわしすれば良いだけの事と考え、16日のうちに水と毛布セットにして運送業者に託した。同時に市民への義援金募金の呼びかけを、

2度の支援物資発送の報告を兼ねて市政だよりの号外版でお知らせした。

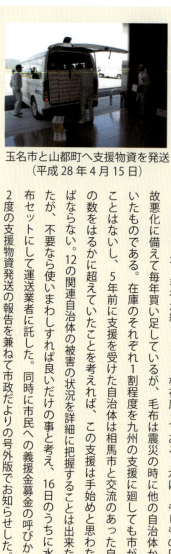

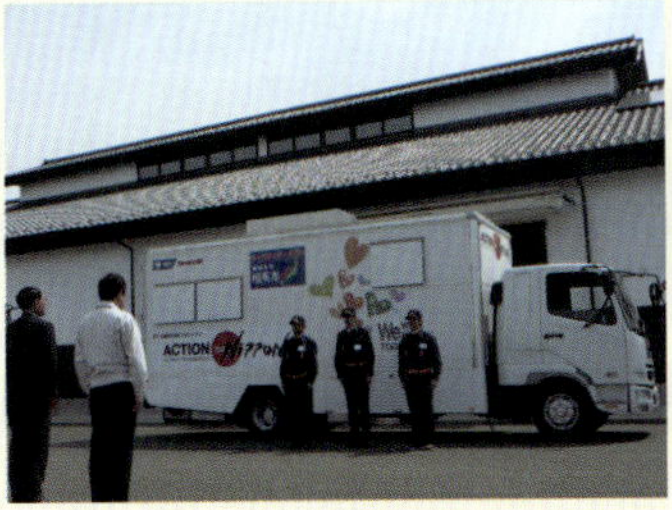

キッチンカー
職員3名で輸送
（平成28年4月20日）

しかし、その後も被害は拡大の一途をたどり、18日の報道によれば現地では水と食料と毛布が足りないらしい。また住宅で夜を過ごすことを怖れる熊本地方の住民が避難所に入りきれず軒先にまであふれかえり、自衛隊のオニギリを待つのに1時間も並ばなければならないという。さらに道路寸断による物流の停滞に加え、災害が大きいばかりに支援物資の仕分けと搬送が困難らしい。

勿論、相馬市が出来ることと言えば必要な支援活動のほんの一部でしかないのだが、願う事ならば効率的な被災者支援で役に立ちたいし、我々と同じように復旧復興の長い道のりが待っていることを考えれば、中長期的な視点も必要になる。そのことを18日の2回目の支援会議で議論したところ、5年前の震災の時にシダックス社から戴いたキッチンカーと、防災倉庫に全部で12器も整備したガス炉付きの大鍋を貸し出すことが中長期的には効果があるのではないかとの案が出た。

そこで私は交流のある菊池市の県議会議員の前川收氏と電話で話し、キッチンカーと大鍋をどこに送れば効果的かを相談させてもらった。前川氏はキッチンカーとか大鍋という考えにびっくりしておられたが、キッチンカーなどは今すぐにでも有難いし、避難所生活の長期化を考えれば大鍋も役に立つと思うので被災市町村に聞きあたり、相馬市長に連絡すると言われた。

その数時間後、さっそく熊本県高森町長からファックスが入り、キッチンカーと大鍋を借りたいとの要望が寄せられた。大鍋は12器のうち相馬の不測の事態に備えて2器は残すとして、10器の運用を現地である高森町と広域的には熊本県議会にお願いして有効活用してもらうことにした。

草村大成高森町長
（右から２人目）

前川氏は車を取りに行けないのが済まないと言っておられたが、あの震災の時に我われに「取りに来てくれ」と言った支援者はゼロだった。あの時の全ての支援者は全国的なガソリン不足のなか、必死の思いで相馬市に届けてくれたのである。だから今回も当然のことながら、水の入ったペットボトルを満載したキッチンカーをこちらで運転して行かなければならない。

職員たちに募ったところ、大型免許を持つ情報政策課長の遠藤君と市長運転手の森君、それに議会運転手の坂本君が手を挙げてくれた。

3人には本当に済まないが、今日一日だけ義援金ボックスを待って、中間集計の義援金を玉名市と山都町に届けながら、相馬市民の気持ちをキッチンカーに積み込んで走ってもらいたい。

市長メールマガジン 2016/06/30 発行

essay

（10）遥かな洲からのお便り

先月、大阪府和泉市の小林様からお便りをいただいた。

便せんにボールペンで書かれた清楚な筆跡のお手紙を読み進むうちに、感動と哀悼の気持ちで胸がいっぱいになった私は、辻宏康和泉市長に御礼とご焼香のお願いの手紙を認めた。

数日して届いた辻市長からの便りには、私の手紙を読んですぐに小林家を訪問したがお留守で、名刺を置いてきたところ小林様から電話があったので相馬市長に代わってお礼を申し上げたと記されてあった。

辻さんが気持ちのわかる市長さんだったことが嬉しかった。

我々はこんなにも多くの方々に支えられて、この5年間を生き抜いて来たことを、改めて思い知らされた。

このような優しい方が暮らし、快活な市長を持つ和泉市はきっと素晴らしい街なのだと思う。

私も和泉市を訪れてみたい。そして地域としての交流をさせていただければ、○明さんのお気持ちに少しでも応えられると思う。

以下、小林様の許可を得て、お便りと私の返信をご紹介させていただきます。

小林様から私に

風薫る好季節を迎えました。

この度はわざわざ東日本大震災中間報告並びに相馬市五年間の記録をお送り戴き有り難うございます。

ご多忙のところ、毎回中間報告をお送り下さり、厚く御礼申し上げます。

テレビから信じ難い映像が流れたあの日、私共も被災地はこれからどうされるのだろうか？と見当のつかない思いに駆られたのを覚えております。

3月11日の凄まじい混乱から見事に復興されました「相馬市五年間の記録」を見せて頂き、この復興の陰にはどれ程の皆様のご努力がおありになったかと感動で涙が止まりませんでした。

息子の霊前に報告しながら、息子がどんなに喜んでいるだろうかと思いました。

実は、息子は一昨年、心臓麻痺で突然他界しました。

44才で働き盛りでもありました。

阪神大震災の時、学生ボランティアで1カ月学童保育に携わらせて頂いたこともありまして、特に子ども達のことを心配しておりました。

どうしても自分の目で確かめたくて、車に子ども達の喜びそうな漫画のお菓子を積んで行ったのを覚えております。

大したお役にもたてなかったと思いますのに、息子の名前を記して下さいまして、本当に有り難うございました。

その後も、和泉市社会福祉協議会を通して、行かせてもらっておりました。

今後、冊数も多いことと思いますし、息子のためにお手数をお掛けしては、と思いまして連絡させていただきました。

今の時代、息子は短すぎる人生でしたが、その間ほんの少しでも係らせていただきました事を深く感謝申し上げます。

皆様のご健康と相馬市の益々のご発展を心よりお祈り申し上げます。

かしこ

２０１６年５月16日
故人　小林○明
母　小林○子

これまで発刊してきた
「中間報告」

私から小林様へ返信

前略　御免下さいませ。御丁寧なお手紙を有り難うございます。

また、〇明様の御逝去の件、心よりお悔やみ申し上げますと共に、御冥福をお祈り致します。

お陰様で相馬市は市民一丸となって復興に向かって進んでおりますが、被災直後から〇明様のような方々の御支援のお陰様と思っております。

中間報告はこれからも御霊前にお送りさせて頂きます。

遥かな洲から相馬市の復興をお見守り頂けます様。

草々

5年間の記録
「中間報告ダイジェスト版」発刊

column

（11）井戸端長屋の5年間と青年医師の志

被災孤独老人のために建設した井戸端長屋は平成24年5月竣工の馬場野長屋から平成25年12月竣工の細田東長屋まで全5棟、58世帯分が供用されましたが、この5年間に50世帯60人が入居しました。高齢の方々ですので6人の死亡退去も含め、ご家族の引き取りや施設に移るなどによる退去が13世帯19人。29年7月現在37世帯44人が長屋で暮らしています。いずれは被災者以外の一般市民も入居できることになりますが、ご希望される市民も多いようです。

入居者と談笑する森田知宏医師

はじめは低所得被災独居老人（グラフ1参照、但し所得上限は設けていない）の孤独死防止を主たる目的で発案した事業でしたが、5年間の運営記録は我が国の近未来の超高齢化社会問題を示唆するものでした。5年前の入居時は元気だった方々も、体力の衰えや病的状態により要介護状態になるケースが目立ちました。しかし、お互いの見守り・支え合いの力は大きく、3人の支援員のサポートもあり、要介護3までは長屋での独立した生活が可能なことも分かってきました。

グラフ2は、入居者の現在と、退去された方の最終の要介護度を示しています。要介護者には、それぞれにケアマネージャーと主治医がいますので、全体を統括して医療・介護の計画を立てるわけにはいきませんでした。そこで、医療の支援というかたちで相馬中央病院の森田知宏医師が月に一度訪問し、健康相談に一人ひとりの入居者と対面し、ツーショットの写真をとることにしています。私としては震災の影響が最も深刻なゾーンに対して、公的なサービスとして何処まで対策できるかというテーマで臨んだ事業でしたが、森田医師はその記録を残すばかりでなく、入居者の励ましと癒しに大きな役割を果たすようになりました。

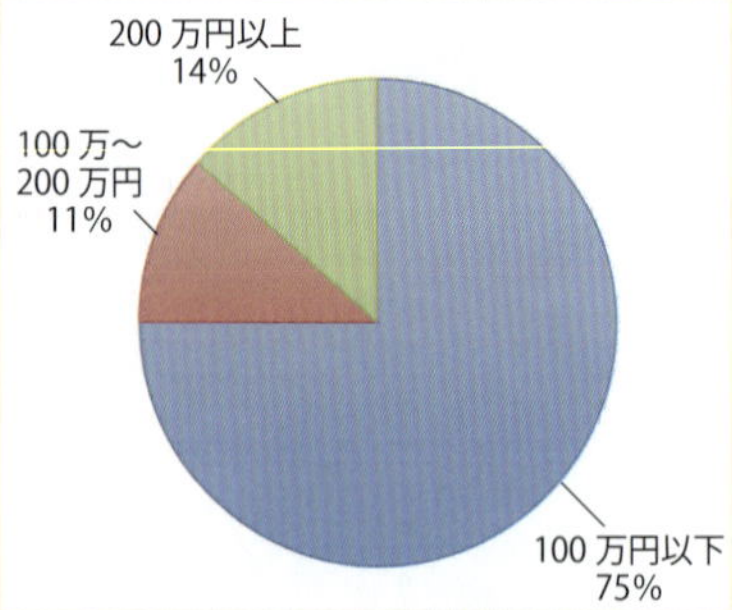

グラフ1：入居者収入状況
これまでの入居者60名（退去者含む）

震災直後、東大医学部6年生だった彼はボランティアとして上昌広教授とともに相馬市に医療支援に入りました。被災地医療に思うところがあったのでしょう。その後初期研修を終えて、やはりボランティアに来た同級生だった森田麻里子夫人（現・南相馬市立病院麻酔科医師）とともども相馬市に居を構え、緑豊かなこの相馬市で子育てをしながら地域医療に従事しています。私としては、長屋での活動記録を論文にして、高齢化社会対策モデルケースとして広く世界中に発信してもらいたいと期待していますが、何よりも嬉しいことは、志を持つ青年医師夫妻が被災地の相馬で活躍していることです。

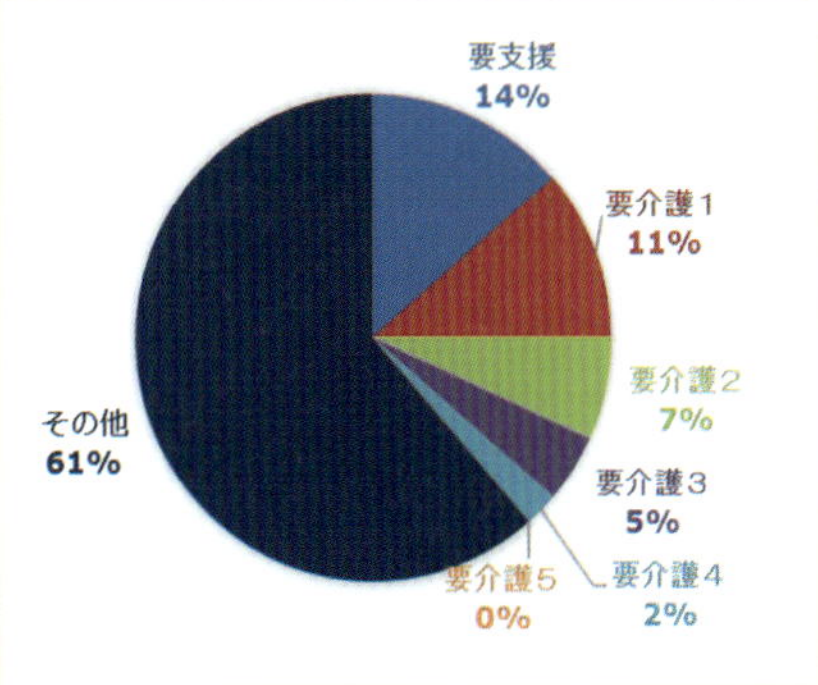

グラフ2：入居者要介護状況
これまでの入居者60名（退去者含む）

なお、全館ユニバーサルデザインで共有スペースに身障者用トイレを備えた5棟の長屋を、入居者了解のもと、平成27年4月に災害時福祉避難所（受け入れ可能数、合計99人）に指定しました。よって天井裏には寝具などが保管されています。

⑫原釜荷捌き施設・海水浄化施設（平成28年9月18日完成）

原釜荷捌き施設
セリ場、活魚水槽、放射能検査室など

海水浄化施設
海水取水・供給、
海水浄化（ろ過）

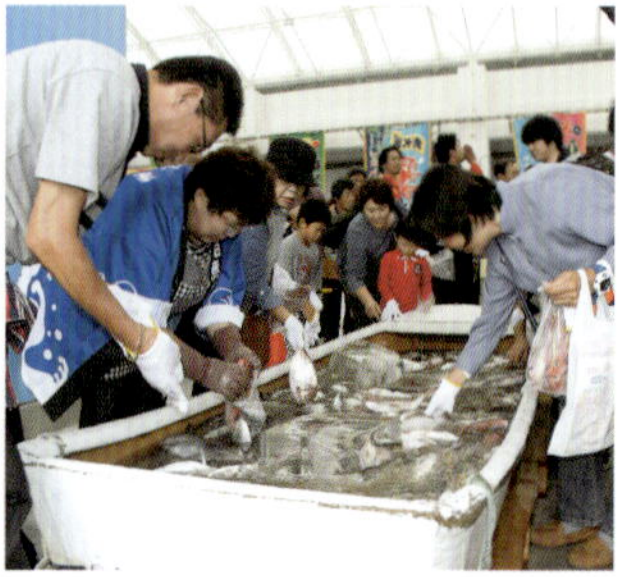

おさかなフェスティバル
原釜荷捌き施設で開催され、市内外から約 8,000 人が訪れるほど、大いに盛り上がりました。（平成 28 年 10 月 1 日）

津波の被害を受けた
相馬原釜地方卸売市場
（平成 23 年 3 月 31 日）

原釜荷捌き施設 全建賞受賞
（平成 29 年 6 月 27 日）

⒀ 相馬市役所新庁舎（平成28年10月5日完成）

4階には備蓄品を保管

相馬市役所
（平成28年10月5日落成式）

市職員一丸となって新庁舎へ 3 日間で引越し完了
（平成 28 年 10 月 7 日〜 9 日）

新庁舎オープニングセレモニー
（平成 28 年 10 月 11 日）

1 階市民ホール　コンサート
（平成 29 年 6 月 16 日）

植栽が来庁者にくつろぎを
与える市民の憩いのスペース
（1 階市民ホール）

⒁ 東北中央自動車道 阿武隈東道路開通（平成29年3月26日）

東北中央自動車道　阿武隈東道路開通式
東北中央自動車道（相馬福島道路）「阿武隈東道路」の開通式は 3 月 26 日、東玉野地区の相馬玉野インターチェンジ

市長メールマガジン 2017/03/28 発行

essay

(15) じい様は自転車に盛りだくさんの野菜を積んで

88歳になる私の母は、相馬市北飯淵の旧い農家の次女。昭和24年に相馬の海岸沿いの味噌醤油屋だった立谷家に嫁いで来て以来、海岸から100mほどの自宅で暮らしてきたが、10年前に丘陵地帯にある緑ヶ丘団地に移り隠居生活を送っていた。震災直後、地震津波を心配した父は本家の様子を見に行こうとしたが、避難する人たちの車の渋滞に遭い、引き返したお陰で津波をまぬがれた。母は歳をとるにつれて子供のころの農作業を懐かしく思うらしい。隠居家の10坪ほどの小さな庭に、わずかばかりの野菜を植えて、畑仕事が楽しいと言う。農家の娘だった母の気持ちは少女時代に戻っている。

昭和17年。母方の祖父は長女を旧・保原町(現伊達市保原地区)に嫁がせた。交通機関もない時代だったから、阿武隈山地を越えての嫁入りは何かにつけて難儀だったろう。それでも祖父は、娘可愛さに、季節ごとに野菜を自転車いっぱいに積んで保原町の娘の家まで届けに通った。当時の中村街道(現国道115号線。昭和38年に2級国道に指定)はつづら折りの小径が続き、急峻な「七曲がり」は、わずかばかりの交通量しかなかった自動車を時として谷底に飲み込んだ。今では考えられないような話だが、祖父はよほど娘の笑顔が見たかったのだろう。一日がかりで自転車を押し、娘の家に数日滞在した後、ふたたび阿武隈山地を上り相馬への帰途についた。

昭和42年。私が16歳の高校一年の夏休み、自転車で仙台市を出発し、保原町から国道115号線を辿り阿武隈山地を越えたことがある。当時の115号線は処どころ舗装されていたが、当時の霊山町掛田からの上りはほとんどが砂利道だった。

8月の暑さもあってすっかりのどが渇いたので、水を飲ませてもらいに立ち寄った石田小学校の日直の先生に、冷えたキュウリと味噌をごちそうになった。冷たい水でほこりだらけの顔を洗い、口の中で水気をほとばしりながら砕けるキュウリの瑞々しさと、赤褐色をした味噌の塩っぽさで生き返った気がした。50年たった今でも、石田小学校の前を通るときは、心の中でぺこりと頭を下げることにしている。

しかし、その後の上り道のつらさは大変なものだった。私の自転車は当時の最新型ドロップハンドルで変速機付き。後輪の両側にテントなどの荷物をパンパンに下げてはいるものの、舗装道路では快適に走った。仙台から伊達町に至る国道4号線と伊達-保原間は完全舗装だったため、坂道も得意のローギアで難なく上り切ったが、阿武隈山地の上りの砂利道にはまるで通用しなかった。仕方なく自転車を降りて押して上ろうにも、頂上の霊山はあまりにも遠かった。

ようやく玉野地区から下り坂になったころは陽もすっかり暮れて、砂利

東北中央自動車道　阿武隈東道路開通
（平成29年3月26日）

道なのでスピードも出せないため自転車のライトの灯りもままならなかった。「七曲がり」では砂利に車輪をとられ、落車して足に傷を負ってしまった。痛さと心細さで泣きそうになりながら、「祖父もこの道を自転車で相馬に向かったのだ」。そう言い聞かせながら自分を励ました。原釜の親の家に着いたのは夜10時。仙台の高校で夏期講習を受けているはずの息子が、危ない自転車旅行の果てに、夜中に醤油屋の工場で足の泥を洗っている姿を見た父には、えらい剣幕で怒られた。

その後福島医大に進学した私には、福島盆地の蒸し暑さは拷問のようだった。あの阿武隈山地の向こうには生まれ育った相馬原釜の海があり、夏には心地よい浜風が吹き渡る。いっそのこと、あの山々にV字型の切り通しを造り、原釜の浜風をここまで吹き渡らせることは出来ないものだろうか？

平成7年。県議会議員に当選した私の、最初の6月議会での満を

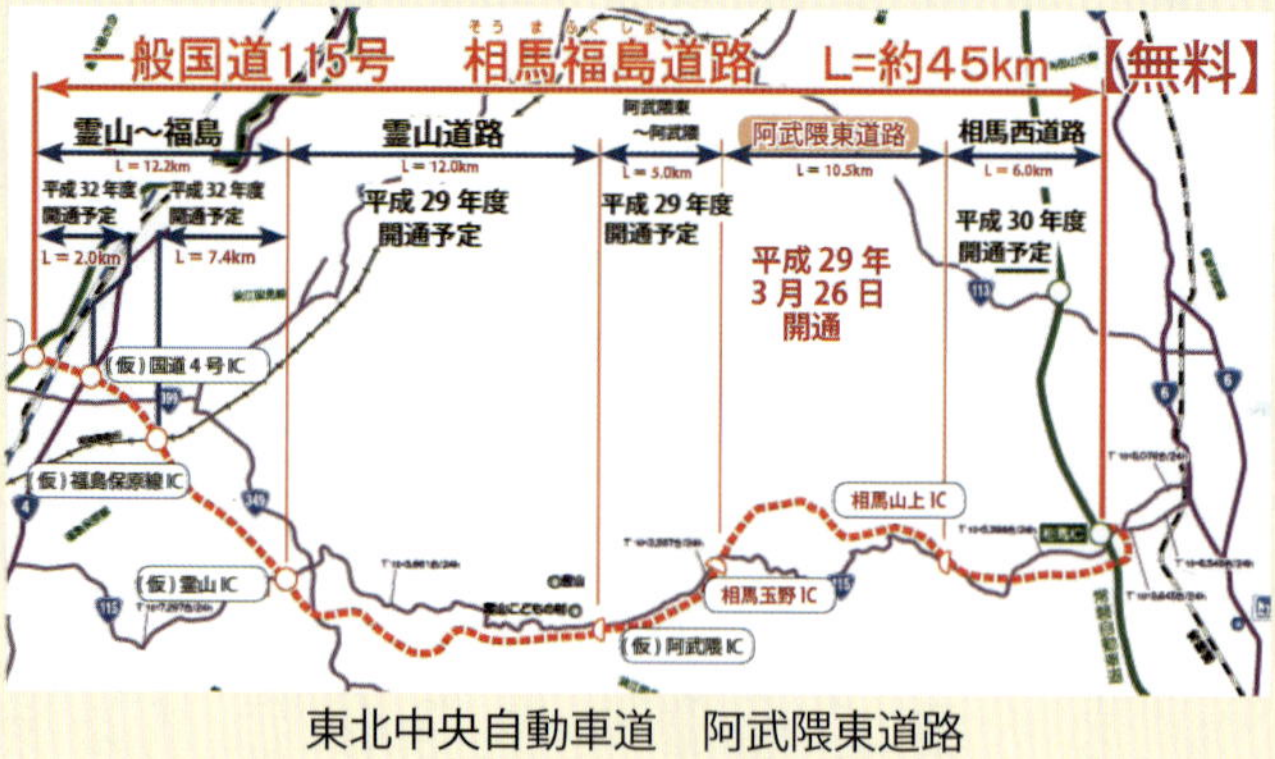

東北中央自動車道　阿武隈東道路

侍しての初質問は、115号線の急峻な「七曲がり」を高規格幹線道路で直線に出来ないだろうか?というものだった。私の高校時代と違って、既に全部が立派に舗装されていたし、まだバブルが残っている時代だったから車も豪華だったしガソリンも豊富だった。しかし、改善されたとはいえ「七曲がり」は交通の難所で、特に救急車で通りようものならば、遠心力で患者の体が斜めになるばかりか、点滴のバッグも横を向いたままだった。

私が子供時代に遊んだ原釜の海岸は、既に相馬港の一号埠頭としてコンクリートの岸壁になっていた。しかし、せっかくの相馬港も「七曲がり」での荷崩れと、カーブでコンテナトラックがすれ違えないため、福島県北地方の産業振興の役に立っていなかった。

「東北中央道を早く造ってくれ」などと大それたことは言わない。しかし、救急医療と、相馬・福島地域の産業振興のために、せめて相馬から阿武隈山地の頂上に向かう交通の難所を高規格幹線道路で繋げるよう、県としても本気で取り組んでほしい。それが質問の趣旨だったが、その2年後。思いが少しでも届いたのか、115号線の相馬山上地区からの上りの区間を、「阿武隈東道路」として調査費が予算化された。

あれから20年。

東日本大震災という私の人生の最大の苦難は、いや未だ終わった訳ではないのだが、形を変えて私に大きな慰めをもたらせてくれた。3月26日の復興支援道路としての阿武隈東道路の開通式は、積年の悲願を叶えてくれた心の底からの歓びだった。石井国土交通大臣によれば、平成32年度には原釜の浜風が福島まで届くという。

スピーチを求められた私は、個人的な話で申し訳がないと思いながらも、75年前の娘を想う祖父の気持ちを語った。懐かしい祖父や叔母の笑顔が脳裏を過り、思わず涙が出そうになったが、震災で死んでいった人たちを想い、マイクを握りしめて堪えた。

でも、まるで夢のようだ。

市長メールマガジン 2017/03/13 発行

essay

（16）花は咲く（市庁舎市民ギャラリー）

3月10日、震災6回目の慰霊祭の前日という日に、市役所市民ホールの壁に150号の巨大カンバスが掛った。作者は20年も前に描いた作品と言うが、松川から磯部に続く、当時の大洲海岸の美しい波打ち際から、一人のいたいけな少女が此方に向かって歩いてくる作品である。

この少女が向かおうとしている先は、いま私たちのいる此処なのか?それとも彼女の未来なのか?

私は、作品の前に立ちすくんでしまった。

気を付けてよく聴くと解るのだが、復興ソングの「花は咲く」は、震災で亡くなった若い女性が、被災地の未来を祈っている詩である。

6年前の今日。

地震の津波を心配した28歳の慶子さんは、実家に住む100歳の賀寿を迎えたお祖母さんを避難させようと、職場の沖の内地区から6キロ離れた磯部大浜の自宅に向かい犠牲となった。

学習塾の塾頭を務めていた彼女は、私が月に一回主宰していた政治塾のメンバーだった。教育行政や、福祉に関心を持つ聡明な女性で、私のレクチャーも一番前でよく聞いてくれたし、質問や発言もしっかりしていたので、ゆくゆくは市会議員から始めてもらおうと思っていた。

震災の翌年の市会議員の選挙には、私の政治塾から3人の若い塾生が立候補し当選している。この6年間は震災対応で政治塾どころではなかったが、彼女が生きていれば、結婚・子育てをしながら政治センスを磨いてくれただろうと、磯部の大浜地区を通るたびに脳裏を過った。

「花は咲く」の歌詞は、その慶子さんが遥か遠い洲から我々に詩っているような錯覚を覚えさせるのである。

冒頭の作品では、まるで少女時代の、その慶子さんがカンバスの波打ち際から此方に向かって歩いて来るのだ。

地震ですっかりクラックが入った市役所旧庁舎で完成を待ちわびながら、新庁舎の落成式をしたのが昨年の10月5日だった。外観は相馬市の震災建築の文法にもなっている和風デザインである。城下町相馬市のお城の隣にあるので、相馬中村藩の歴史に敬意を払い、平城の本丸より高くなってはいけないと3階建てに止めた。設計上の私の指示と言えば、震災対応に備えて廊下を6メートルと指定したくらいで、事務スペースは職員たちに、議会関係は議員さんたちに考えてもらった。ただ、壁は市民会館やその他の震災復興建築物に合わせて、外壁も室内もクリーミーホワイト、柱は黒に近いダークブラウンに統一するように指示した。

ところが、平面図の段階では分からなかったことだが、実際に引っ越してみると6メートルの廊下と白い壁は荘厳な感じがしたし、壁の面積が想像以上に広いことに気付かされた。

対応策としては観葉植物でアットホーム感を出そうと考えた。落成記念にと寄付を申し出た団体などにお願いして、全部で50本を超える観葉植物を配置したが、それでも日を重ねるうちに廊下の白壁の圧迫感が強くなっていくような感覚に捉われた。


そこで考えついたのが市民ギャラリーである。

壁を市民の絵画で飾れば、無機質な壁が市民や職員の感性を揺さぶることになる。設計平面図では分からなかった壁面の存在感を、市民芸術の発表の場と考えたら、これ以上の舞台は無いと思った。

そもそも、壁を絵画で飾りたくとも相馬市に何十枚ものストックはないし、新たに購入する予算もない。


新庁舎の広大な白壁を市民芸術の発表の場と考えれば、何も一流の絵画でなくとも良いではないか？ここは市民の自信作をお借りしたほうが賢明ではないか？

市内の絵画クラブの代表者や絵画教育関係者に声を掛けて、この考えを打ち明けたのが11月の終わり頃だった。「そりゃいい、やってみようじゃないか！」

市民ギャラリー（3階）

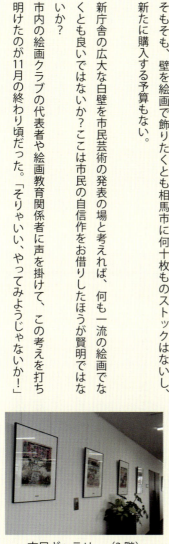

ということになり、教育長や庁内の担当者も加えて市庁舎ギャラリー検討委員会を立ち上げた。採用基準や掛額期間などの要綱を定めて、写真での受付による募集を1月の市政だよりで広報したところ、50点を超す応募をいただいた。委員会の選考では、ほとんどの作品が「GOOD!」となった。またお借りした絵画を壁に取り付けるためのピクチャーレールの工事を進めた。3月9日の委員会ではそれぞれの作品の掛額場所を決定し、震災から丸6年の3月11日に間に合わせることができた。

拙メルマガの読者の方には、市役所に来ていただき、冒頭の大作を始め市民からお借りして壁を飾らせていただいた力作を御高覧いただければありがたい。また作品は、おおむね半年でお返しすることになるので、これからも多くの市民の方に御応募いただけますよう。

一階の市民ホールはイベント会場にも使えるようにとの市民からの要望により300平米の大ホールとなったが、イベントの無い通常の日は淋しいので、キャスターの付いた観葉植物で小さな林を作り、テーブルと椅子を置いて、お休み場所として市役所に用事のない人でも利用出来るミニ公園を模してある。また、せっかく市役所にお出でいただいたのに何も出さない訳にはいかないので、コーヒー自動給茶器を備えた。もちろん無料だが、砂糖とミルクは管理上大変なので、お好みの方はご持参いただけますよう。

(17) 新市民プール(平成29年3月22日完成)

愛称「赤レンガプール」

市民プール
▽一般用プール(25m8 コース、水深 1.2m)
▽幼児用プール(3.5m × 10.5m、水深 0.5 ~ 0.6m)
※屋根は、ガラス屋根で開閉式

市民プール落成式
(平成 29 年 3 月 22 日)

(18) 西部子ども公民館（平成29年4月5日完成）

地域の人たちがともに子育てするための地域世代間交流施設として、遊戯室や子育てサロン、放課後児童クラブの機能を備えます。

西部子ども公民館フェス
地域の高齢者と子どもたちが楽しく触れ合った
（平成 29 年 5 月 27 日）

第6章

放射能との闘い

（1）原発状態悪化の準備

原発事故に対する相馬市の初期の考え方や行動方針は第2章急性期で紹介しましたが、対策本部としては、国から避難指示が出された場合の行動計画を立てておく必要がありました。特に寝たきり老人や病院の入院患者、また老人施設に入所中の要介護3以上の要介護老人への搬送方法と受け入れ先が課題でした。

患者の受け入れ先としては、初期の段階で支援の申し出があった徳洲会の徳田虎雄理事長に直接電話で依頼し、東北関東地区の空病床に最大700人の受け入れを了解していただきました。

もちろん、その後の展開によっては徳州会病院以上の好条件も視野に入れるべきですが、対策本部としては最悪の事態への備えとして、まずは病床を確保しておくことが最優先課題でした。徳田理事長のご健康状態は会話ができる状況ではなく、通訳の秘書の方を介しての交渉でしたが、最悪の事態に備えることができたことについては、今でも深く感謝しています。

ただ、問題は搬送の手段でした。病院や老人施設の患者さんは医療介護スタッフの介助の下に自衛隊にお願いすることとして、相馬市に常駐する責任者と協議していましたが、困難と思われたのが在宅で寝たきりの状態になっている46人の要介護者でした。

そこで対策本部としては避難に備えて46本のタンカを購入し、自宅の枕元または消防団の屯所に配置しました。要介護者については、地域の消防団の協力で自衛隊の車両まで搬送する準備を整えた上で、「今は避難せずに相馬に留まる」という方針で災害対応に専念することになりました。

（2）水道水対策

内部被ばくを防ぐためには、放射性物質を含む食品を食べない、飲まないことに尽きます。

しかし、どこまで安全性を追求すれば良いのかという問題については、おおいに頭を悩ませました。日本中、世界中が、福島県の第一次産品を敬遠するようになり、生産出荷する側の責任と、消費する側の安心の間に大きな隔たりができていました。当時は市内の各家庭も、特に子どもたちには他県産の食品を食べさせ、本県の生産品は絶対に口に入れるなという考えが一般的でした。

支援物資のペットボトル水

震災当初一番心配したのは、水でした。相馬市の水道水源は約70パーセントの世帯分が飯舘村に位置する真野ダムから導水して、相馬市北部の大野地区に位置する相馬地方広域水道企業団（相馬市の70パーセントの家庭に給水するだけではなく、隣の南相馬市鹿島区および新地町のほぼ全域に給水するため、3市町で一部事務組合を形成）で、浄水として処理・精製され給水されています。相馬市の残りの30パーセントの世帯は宇多川水系の伏流水（年間の動くスピードは50メートルとか100メートルとかのレベルなので、高線量地域の地表汚染が直ちに反映されることはない）を汲み上げて浄水されるため、こちらは心配なかったのですが、全村避難となった飯舘村の雨水が直接ダムに流れ込むというリスクには非常に気を使いました。

被災直後は、原水の出口から取水して連日検査を行いましたが、幸いなことに1リットルあたり10ベクレルの精度で検査してもセシウムが検出されることはありませんでした。

しかし、「いつ汚染されて水道水にセシウムが検出されるかわからない」という不安と常に隣り合わせでした。検出したら直ちに給水を止めなければならないので、従って、その時に飲料水として配布するペットボトル入りの水の確保は急務だったのです。

この点、日本中の首長さんたちがインターネットでの呼びかけに応じて、多くのペットボトル水を相馬市に送ってくれましたので、おかげで備蓄は十分にできたものと感謝しています。

この水道水の汚染検査は、原水のみならず、上水として水道管に配水される状態においても厳しく調査してきましたが、今日まで放射性物質が検出されることはありませんでした。

（3）放射線量の測定と情報開示

原発事故の悪化に伴い、南相馬市小高区の人々が相馬市内の避難所に助けを求めて来た3月13日、公立相馬総合病院が1台保有していた線量計を用いて線量測定を始めました。

3月13日、1時間あたり3・25マイクロシーベルト（年間換算で建物内の減衰効果を加えれば、年間20ミリシーベルトを超えることはありません）、3月14日は1時間あたり1・25マイクロシーベルト。その後も1時間あたり2マイクロシーベルトを超すことはありませんでしたが、3月14日以降はその1台の線量計を用いて、市内各地の線量を相馬市独自で調査しています。

3月17日の対策会議で、相馬市内各地点の放射線測定値を、再開したホームページで公表するよう指示しました。国では、テレビなどを通して環境省や文部科学省のデータをアナウンスしていましたが、市が独自に調べて安全を確認している姿勢を示すことが必要でした。

３月30日市役所に開設した臨時ＦＭ局「そうまさいがいエフエム」で、市内の空間線量を地区ごとに公表し始めました。パーソナリティーを務めた遠藤真君が、放射能と放射線の違いなどの基本的な知識を解説しながらの公表でしたが、市民が理解するまでは至らなかったように思います。

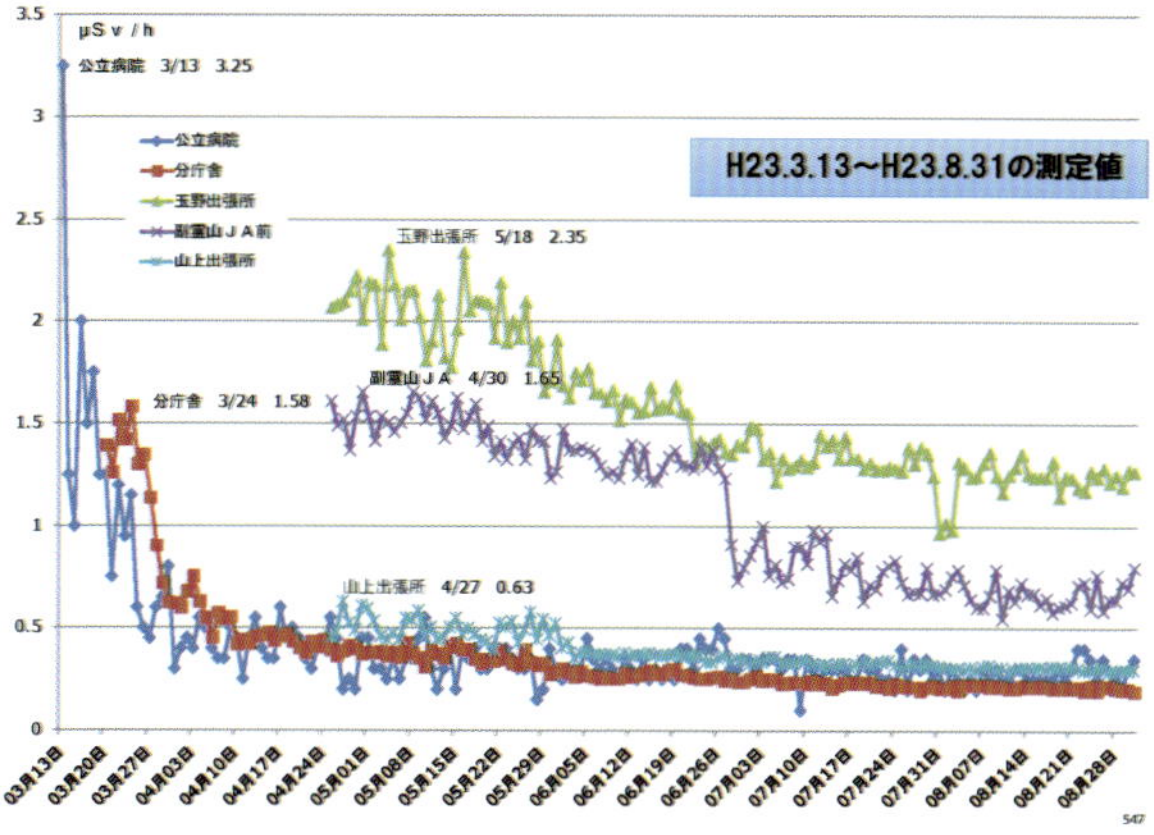

私や公立相馬総合病院の院長らは、放射線を身近に扱いながら医療に従事してきましたので、測定される線量について冷静に判断することができました。しかし、市の職員をはじめ、一般市民は放射能に対する知識が無いため、インターネット上で飛び交う流言を真に受け、国の指針や市の方針に対しても不安な気持ちを強めていったように思います。

線量測定は、連日市内数十カ所で行ってきましたが、原発事故の悪化により高線量を示すという事態には至らなかったため、相馬市は全市民避難を免れることができました。

グラフは相馬市庁舎前での線量変化を示すものです。右下がりのグラフが、上昇することがなかったのが幸いでした。しかし、私は内心はヒヤヒヤしていたのです。誰が悪いとかを考える余裕がありませんでした。測定線量数値が悪化した場合の対応ばかり考えていました。

（4）国の表現のあいまいさとその影響

そもそも国の表現が禅問答のような難解なものでした。

「現段階では、ただちに健康に被害を及ぼすレベルではない」

この表現を聞いて、不安に思わない国民は少なかったでしょう。現に、外国人の多くは国外に脱出しましたし、米軍も原発から80キロメートル圏内から出て行きました。

市民の間にも相当な不安が広がっていましたが、3月24日に私のメルマガ『ろう城』を広報そうまの号外版として全戸に配布したことにより、「ここは慌てないでひとまずは、市の方針に従おう」という雰囲気が広がってきたように思います。

市外に避難した市民も多くが戻って来てくれました。対策会議の中で、復旧・復興に人が必要な時に、戻って来てくれた人たちには「ありがとう」と声を掛けようと申し合わせました。

実際に私の経営する相馬中央病院では、5階に設置してあった給湯ボイラーが地震で横倒しになったままで暖房が効かず、さらに、温水が出ないために医療に困難を来していました。修理に来てくれるはずの設備屋さんの従業員が避難してしまい対応不能な状態でしたが、『ろう城』の号外以後、多くが戻ってきてくれて修理することができました。

真に、「戻って来て復旧の戦力に加わってくれてありがとう」という気持ちでした。

（5）市の対応の限界

放射能に対する市民の対応を冷静で適切なものにするためには、『放射能は正しく怖れ、賢く避ける』ことを徹底することが大原則ですが、災害初期から急性期の段階で、市民の教育を含めた放射能対策はとても無理な作業でした。多くの市民は「市が避難しなくて良いと言うんだから仕方がない、とりあえず言うことを聞いておこう」。その程度の認識だったと思います。

私としては、放射能対策室を整備している県が中心になって方向性を示しながら、地域住民に対する説明をしてくれるものと期待をしていました。飯舘村に隣接する玉野地区は市内でも空間線量が相対的に高かったので、初期の段階では住民に対する説明と対応を県にお願いしましたが、双葉郡の被災地対応に追われて相馬市玉野地区への丁寧な対応とまではいかなかったようです。

（6）上昌広教授との出会い

震災発生の間もないころのことです。物流が止まり薬品が入らないため相馬市が東京まで薬品確保のトラックを出発させた3月22日、南相馬市の某病院はすでに避難を決めていました。しかし、酸素吸入中の患者は自衛隊の車両での搬送では無理なので、ヘリコプターでの移動の段取りができないだろうかと、件の院長から相談を受けました。

私はその旨を仙谷副官房長官に伝えたところ、東京大学医科学研究所の上昌広教授が人脈が広いので相談してみるようにと、上教授の携帯番号を伝えてもらいました。

上教授と電話で話すうちに、なかなか剛胆な人物と分かりました。彼の指示により、防衛省の医系技官で空将補の

上昌広 氏

山田憲彦氏に酸素吸入継続中の患者のヘリコプター搬送をお願いすることができました。

上教授にはその後の南相馬市の患者避難の支援をはじめ、担当医師を大学が引き上げたため人工透析に難儀している病院の医師の手配などをプロデュースしていただきました。彼は、学者というよりは実務家として極めて能力の高い人物でした。

その上教授が、4月上旬、坪倉正治医師と松村有子医師を伴い、市役所で私と初めて会うことになります。それまで、電話で何度も話をして、気心の知れる間柄になっていましたが、驚いたのは彼が43歳と想像したよりはるかに若かったことです。

しかし、血液内科の専門医でもあり、放射線についての知識も豊富だった彼のアドバイスは、ひとつひとつが適切でした。市としては、放射線対策をより客観的な政策とするために、平成23年4月21日、上昌広教授を相馬市放射線対策アドバイザーに委嘱しました。その後、今日までの6年間、上教授および彼の紹介する各分野の専門家の先生方のアドバイスを得て、相馬市の放射線対策を進めていくことになります。

（7）各地域での放射線と健康影響説明会（平成23年5月15日～）

5月15日、黒木地区の集会所をはじめに、市内12カ所で地域住民対象の説明会を開催し、市民に放射線に対する正確な知識を持ってもらうように啓蒙活動をはじめました。

講師は、上教授をはじめ坪倉医師や松村医師も担当し、6月27日に市内を一巡するまで続けました。

震災対策で忙殺される中、市職員たちは説明会の段取りや広報によく頑張ってくれました。もちろん、放射能の知識は、1回2回の説明で理解してもらうことは難しかったのですが、子どもたちの学校での教育と併せて地域社会の中に浸透していったように思います。

地区説明会

地区	開催場所	地区	開催場所
黒木	黒木集会所	初野	初野集会所
玉野	玉野中学校	大坪	大坪集会所
日立木	日立木小学校	山上	山上小学校
飯豊	飯豊小学校	中村西部 中村中部	はまなす館
中村東部	東部公民館	八幡	八幡小学校
磯部	磯部小学校	大野	大野小学校

手話を交えて解説する
坪倉医師
（平成23年6月6日）

（8）玉野小中学校　校庭の表土入れ替え（平成23年5月24日～27日）

飯舘村に隣接する玉野地区は、市内の空間線量測定で比較的高い値を示していましたので、市としては、重点地区として対策を開始しました。

まず、玉野小中学校の校庭の表土を入れ替えて、校庭の空間線量の低減化を図りました。

その結果、玉野小学校で1時間あたり2・78マイクロシーベルトから0・43マイクロシーベルトに、玉野中学校で1時間あたり3・03マイクロシーベルトから0・64マイクロシーベルトに、それぞれ低減しました。

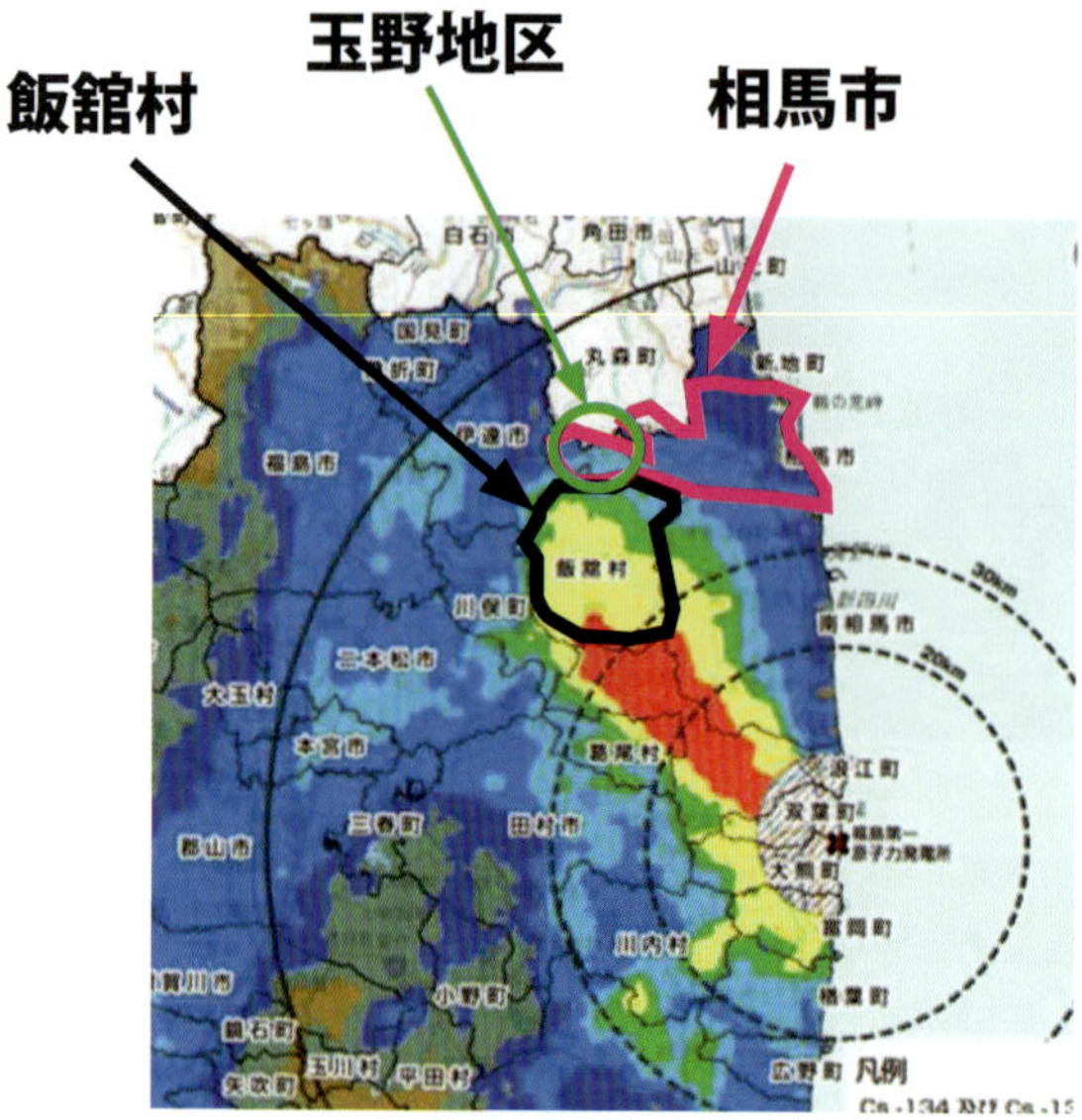

SPEEDI の示す高線量地域

玉野小中学校
校庭表土入れ替え
（平成 23 年 5 月 24 日）

（9）玉野地区での住民健康診断（平成23年5月28日、29日）

玉野地区の住民の不安に対しては、「地域住民説明会」に加えて、健康診断を実施しました。医師は、相馬郡医師会の有志の方々をはじめ上教授のグループの先生方。

白衣を着て検診する筆者

玉野地区健康診断

5月29日は、医師の頭数が足りないというので私も白衣を着て参加させてもらいました。診断結果は、前年の市民健康検査に比べて、生化学検査をはじめデータに変化はなく、放射線の有意の影響は認められませんでした。しかし、甲状腺検査については対応できず、県の調査を待って判断することになりました。

住民の方々はおおむね冷静さを保っていました。しかし、子どもは放射線に対しデリケートであると考えましたので、子どものいる家庭については希望により、やがて完成する市内大野地区の仮設住宅に移住させる段取りをはじめました。

その場合、仮設住宅に移住する児童生徒はスクールバスで玉野小中学校に通学させることにしました。これは玉野小中学校の維持と地域のコミュニティーを保つために必要な措置でした。

（10）市内全学校の詳細調査開始と表土入れ替え（平成23年6月16日〜）

子どもの被ばくについては、慎重の上にも慎重を期すべきと考えました。対策本部では、当時問題になっていた学校内のホットスポットを徹底的に調査する方針を立てました。

校内のホットスポット調査

高圧洗浄機による除染

方法としては、各学校の50カ所の調査地点を定め、月1回地表50センチメートルと1メートルで測定します。この際、ＩＳＯ９００１の手法にのっとって、測定している姿勢を写真に残すことにしました。

検査結果を客観性を持たせることと、証拠として保存することが目的でした。

また、環境省からの予算措置に伴い、市内すべての小中学校での校庭表土入れ替え作業を開始しました。また、コンクリートの壁や道路の路面を高圧洗浄機で洗い流すなどの除染も同時に始めました。

（11）玉野地区へ高圧洗浄機の配付と除染説明会（平成23年8月10日）

4人の地区行政区長さんからの要望を受けて、玉野地区150世帯に高圧洗浄機を配付し、自宅の壁や屋根などの除染をそれぞれの家庭にお願いしました。

そもそも除染という考え方自体、今回の原発事故で初めて経験する作業だったため、除染の際の留意点（マスク着用、作業後に手や顔を洗う、衣服を交換するなど）の説明会を8月10日に行いました。

玉野地区での除染説明会
（平成 23 年 8 月 10 日）

自宅を高圧洗浄機により除染
（平成 23 年 8 月 11 日）

(12) 食品汚染検査

内部被ばく対策は、気の長い課題です。特に、セシウム137の半減期が30年もありますから、土壌表面で検出されないとしても、土中の粘土層などに固定されて長期間残存するため、5年や10年で気を抜ける問題ではありません。

しかし、震災当初は特に子どもたちの口に汚染食品を入れてはいけないことが重要課題でした。我々は、食品の安全性を証明するためのシンチレーションカウンターを市役所や公民館に配備することを急務と考えましたが、なかなか入手困難でした。

やっと入手した1台を市役所の1階ホールに配置して市民の自主検査が可能となったのが、平成23年12月1日でした。その後、獲得した機器を逐次公民館などに設置して生活領域の中で食品の安全性の確認ができるようになりました。スーパーなどの事業者が食材を販売するためには検査済であることが前提です。その点は、農林水産省や経済産業省ともしっかり対応していたと思います。問題は、自家栽培などスーパーを通らない食品を市民が口にする場合は、公民館などのシンチレーションカウンターで検査した上で食べることでしたが、この点は、市民の良識と管理意識に委ねるしかありませんでした。

その効果を検証するには、ホールボディカウンターによる内部被ばく検査を受けていただく以外の方法はありません。

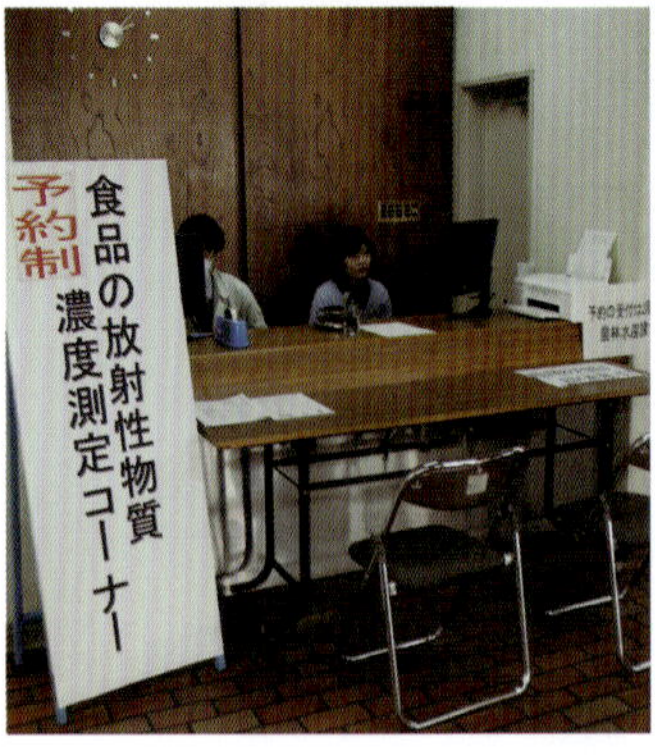

⒀ 放射性ヨウ素対策

内部被ばくは、体内からの放射線が深刻な影響を与えるので、行政としては特に真剣に取り組まなければならない課題でした。

放射性ヨウ素については、半減期が7日程度と非常に短いために安全性の検証が困難です。当初、外出時のマスク着用や、牧草由来の牛乳を飲まないことなどの注意が考えられました。マスクについては震災がれきに含まれるアスベスト対策やヘドロ由来の粉じんを吸い込まないように自主的に着用されていましたので、問題は、食品、特に牛乳由来の放射性ヨウ素だったと思います。

チェルノブイリでの甲状腺がんがよく実例としてあげられますが、ユーラシア大陸の内陸部に位置するウクライナやベラルーシ、ロシアとは基本的にリスクが違うと考えられます。海洋国家の日本人は昆布とそのダシを日常的に摂取しているので、放射性ヨウ素を甲状腺がより多く取り込む環境ではないことや、政府と県がいち早く牛乳の出荷制限をかけたことにより、チェルノブイリとは条件が全く違ったと思います。しかし、それでも検査だけはしっかり実施して、きめ細かくフォローしていくべきと考えました。

ところが、県の県民健康調査は相馬市民の情報をなかなか市に提供してくれないために、市民の二次検査のフォローができないという問題に直面しました。個人情報保護に抵触するというのがその理由でした。甲状腺がんのリスクに対しても、住民の健康を管理して適切な対策を講じるのは基礎自治体の責任ですので大いに困りました。

鈴木眞一教授

相馬市独自に毎年の検査体制を敷こうかと考えたのは、実はこの点が大きな課題だったのです。しかし、この問題は、福島医科大学の甲状腺外科の鈴木眞一教授と協議し二次検査該当者の情報を共有することで、市が独自に検査を行うことによるダブルスタンダードのリスクを回避することにしました。

市としては、二次検査の結果を一人一人追跡調査し、不安や問題視する点については、市で準備する専門家チームや病院担当者が対応し、二次検査以降のフォローを徹底することにしました。

鈴木眞一教授とは、その後数回にわたり協議を重ねてきましたが、極めて誠実な方で相馬市の基本的な考え方をよく理解してくれました。その後、ち密な検査と冷静な対応が必要という共通理念で共同歩調をとっています。

甲状腺説明会

(14) 市内全域の放射線量の系統的調査とその後の経過(平成23年6月18日〜)

地図上で市内に1キロメートル間隔で縦横の線を引き、175カ所の測定地点を定め、地上1メートルの高さの空間線量を調査するメッシュ(網掛け)調査を初めて行ったのが6月18日でした。

これは、市内の空間線量の経過を追っていく上で重要な試みでしたが、6年間のデータは興味深いものでした。年度ごとの比較により空間線量の自然減衰の様子がよくわかります。経年の調査結果では後にウェザリング効果などを証明することにもなりましたが、その調査の緒についたのです。

2人1組で調査(メッシュ調査)

その結果、平成23年6月は市街地と沿岸部では1時間あたり0・09〜0・96マイクロシーベルト、山間部では0・29〜2・50マイクロシーベルトの数値を示しました。

相馬市の原則『放射能は正しく怖れ、賢く避ける』にのっとり、比較的高線量地域(山間部など)には立ち入らないなど注意点を、学校や地区説明会で呼びかけました。

平成24年度からは、メッシュ調査の幅を500メートルに細分化し、より詳細な調査を行いました。調査結果により除染対象地域としては、玉野、山上、八幡地区の相対的に線量が比較的高値を示す地域としましたが、非除染地域でのウェザリング効果(自然現象による洗い流しや、地下にセシウムが沈下することによる線量低下)が、可視的によくわかります。

このことにより、調査結果重視で除染を行うことや、ミニスポット中心の除染など、実態に合せた対策を考えていきました。なお、平成29年度の現在では、相馬市の空間線量としては、少なくとも生活領域では心配のない状態に到達していることが、可視的にお分かりいただけると思います。

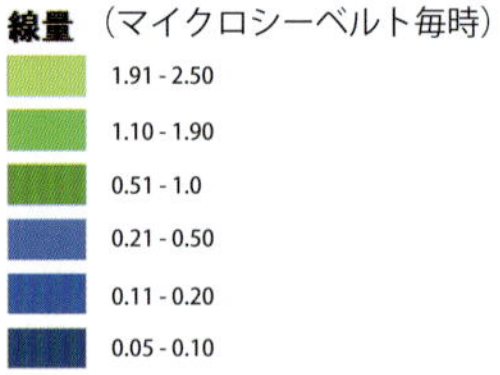

1キロメートルメッシュ調査結果（2011年度）
地表面（土）

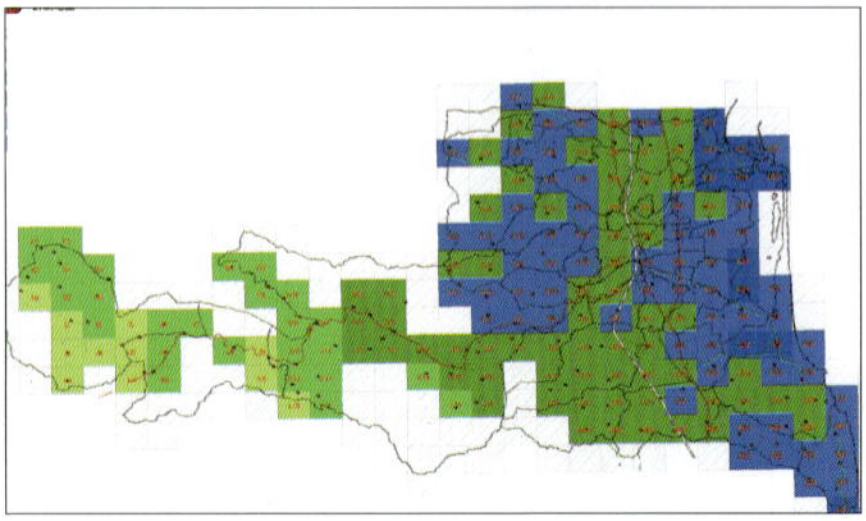

500メートルメッシュ調査結果（2012年度）
地表面（土）

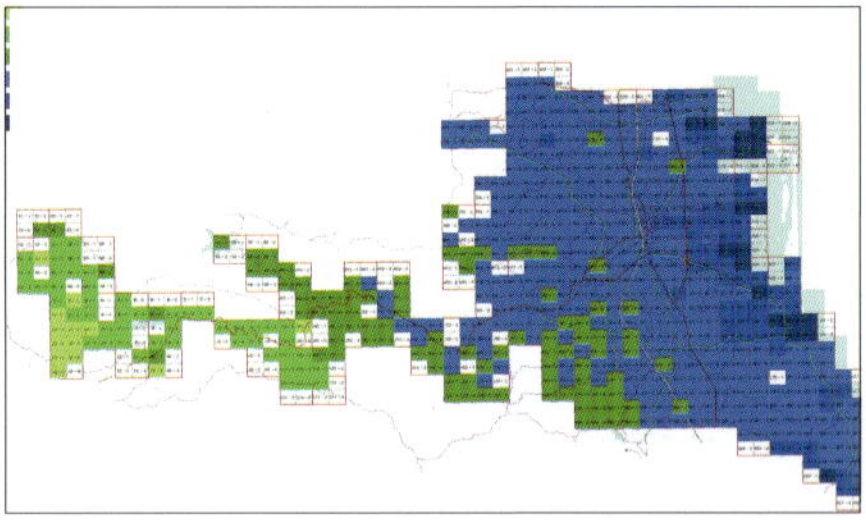

500メートルメッシュ調査結果（2013年度）
地表面（土）

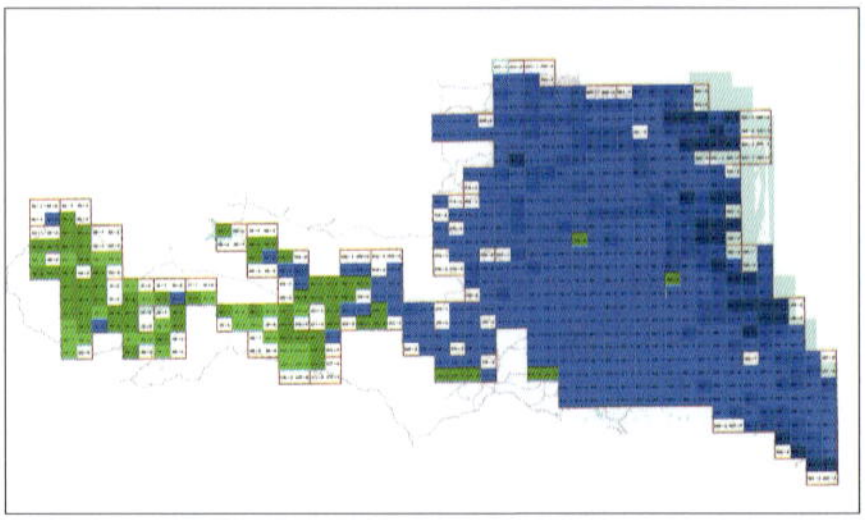

500メートルメッシュ調査結果（2014年度）
地表面（土）

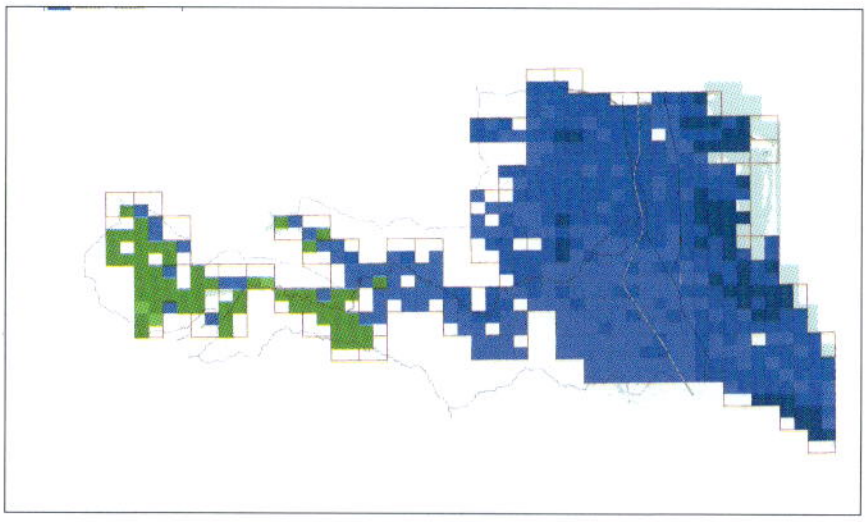

500メートルメッシュ調査結果（2015年度）
地表面（土）

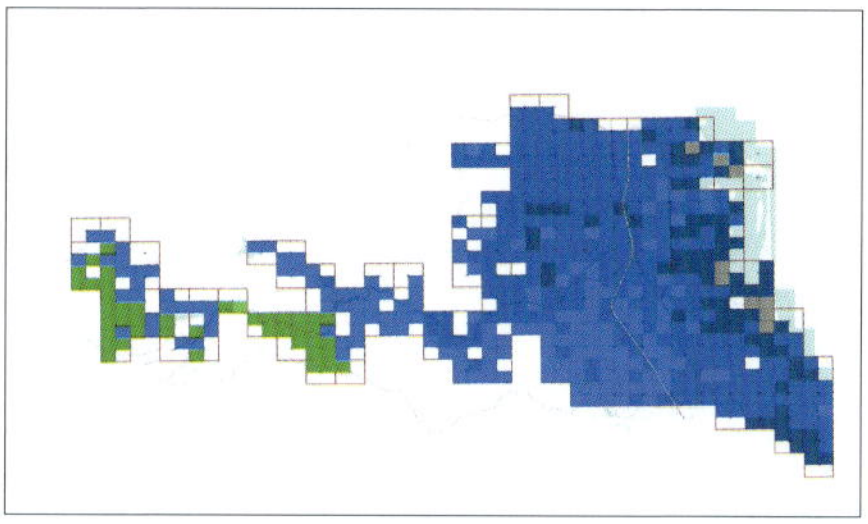

500メートルメッシュ調査結果（2016年度）
地表面（土）

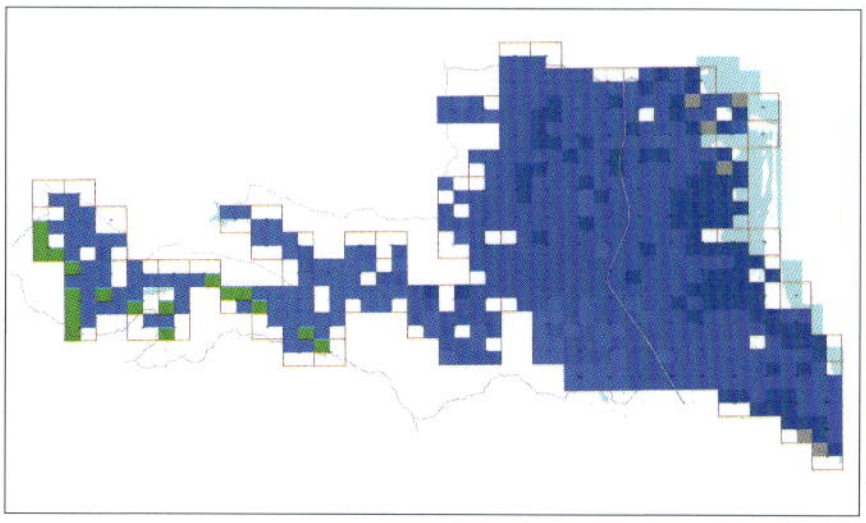

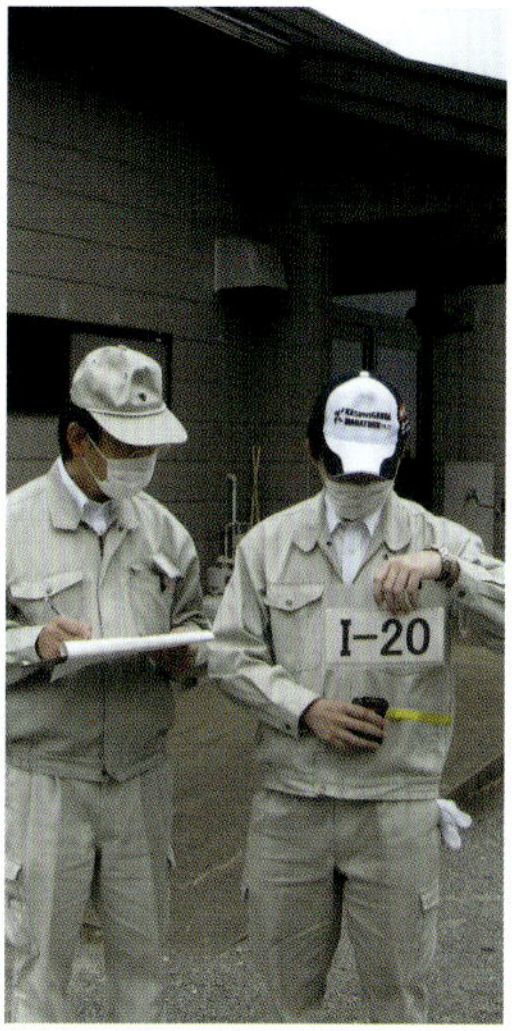

調査ポイントを確認しながら測定

（15）学校での放射線教育の開始（平成23年5月～）

地域での説明会のほかに、学校教育の現場でも子どもたちに正しい知識を身につけてもらうために、平成23年度から小学生と中学生を対象に各学年2時間ずつ、子どもたちの発達段階に応じた授業を毎年行うことにしました。

これは、放射線は『正しく怖れ、賢く避ける』ために、子どもたちが自ら行動できるようにするためです。ここでの知識が、相馬市が放射能に負けない復興を果たしてゆくための基盤になってゆくものと、大きな期待と確信を持って挑んだ事業でしたが、教育長をはじめ各学校の校長先生たちの理解があってこそと感謝しています。

教育現場での放射線教育

（16）市内児童生徒全員に対する外部被ばく調査とその対策

Ⅰ．平成23年度（原発事故当年度）

空間線量の調査は相馬市の放射能対策上極めて重要な事業でしたが、一番の問題は、子どもたちが危険域を超えて被ばくしていないか？また被ばくしていたら、どのように対策するか？ということでした。

そこで、実際に子どもたちの被ばくの実態を測定した上で対策をとることにしました。ガラスバッジ式測定器を３カ月装着することによる外部被ばく検査です。

市内の全児童生徒を対象に家族の協力もお願いしての検査でしたが、対策本部としては、児童生徒一人一人に対しての個別的対策を講ずるためには不可欠な検査でした。

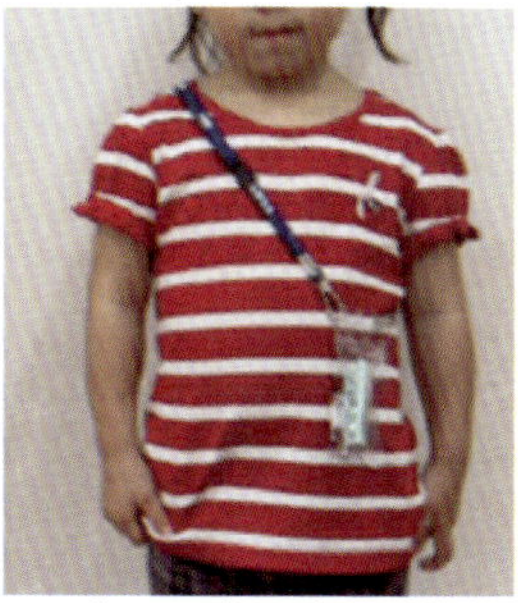

ガラスバッジ式測定

ここでの問題点は、対策の目標値をどのレベルに設定すべきか？という点でした。２０１１年12月の段階では、子どもの被ばく許容線量について、特に政府からの指示はありませんでした。示されていたことと言えば、『学校での追加被ばく線量を1年間あたり1ミリシーベルト以下にする』『長期的には、年間追加被ばく線量1ミリシーベルト以下を目指す』。

子どもの健康のためには、年間被ばく線量をどこまで許容するかという議論をしているときに、学校での被ばく線量だけを規制することは全く無意味です。

現場の市長としては、子どもたちの年間の全生活での被ばく線量に対して、基準をつくり対策していかなければならなかったのですから。

平成 23 年度

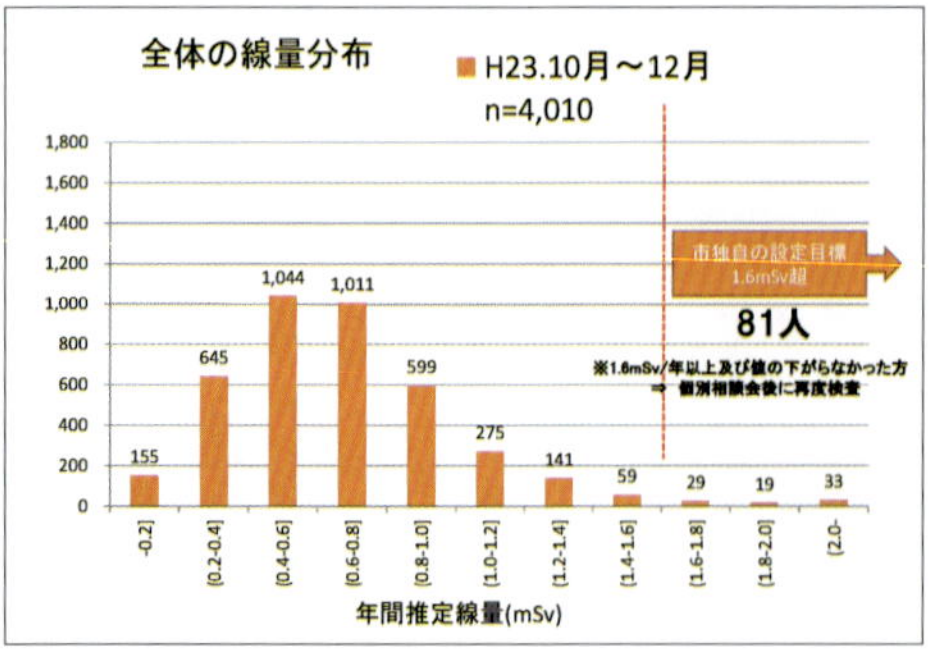

▽調査月＝ 2011.10 月～ 12 月
▽対象人数＝ 4,010 人

議論の結果、学校での追加被ばく線量を年間1ミリシーベルト以下とするならば、全生活なら4ミリシーベルトと考えるのが妥当だろうということになりました。

そこで、私は予防的安全の立場から対策の基準をその半分となる2ミリシーベルトと決め、さらに子どもたちの活動による検査値の誤差を20パーセント考慮して年間1.6ミリシーベルトを対策の目安にしました。

平成23年度の検査では、検査対象4、010人のうち、1.6ミリシーベルト以上を示した子どもの数は81人でした。また、最大値を示した子どもの被ばく線量は4.2ミリシーベルトでした。

市としては、さっそく個別の対策に取り掛かりました。まず、生活環境の徹底調査から始めました。

失礼な話ですが、それぞれ家庭のトイレ、浴室、廊下、寝室まで調べさせてもらいました。また、庭木や裏山などの屋外環境についても詳細に調べました。その結果分かったことは、同じ寝室でも窓に近い場所に布団を敷くと被ばく線量が上がること、裏山に立木があると線量が高くなることでした。従って廊下に近い場所に布団を敷くことや、裏山など立木の近くにはあまり近寄らないよう指導しました。また、屋根や壁などにセシウムが付着していると推測される結果も出てきましたので、業者による除染を実施しました。

次に、生活の注意を含めて、個々の家族ごとに健康相談と指導をしました。生活環境の詳細な測定による被ばく対策は、最重要課題であると認識してもらうことが必要でした。とは言っても、健康を害するレベルではないことや、それでも長期的な安全のために全力を挙げることなどを説明した上で、日常の生活で避けられる線量は賢く避けましょうと指導しました。生活上の健康指導も行いましたが、東京大学医科学研究所の上教授のグループを中心に多くの医師たちのボランティアによる協力をいただきました。

比較的高線量と判断された玉野地区の児童生徒については、希望により市内北部の大野台にある工業団地に設置した仮設住宅に移ってもらうよう勧めていましたので、検査結果は特に重要でした。

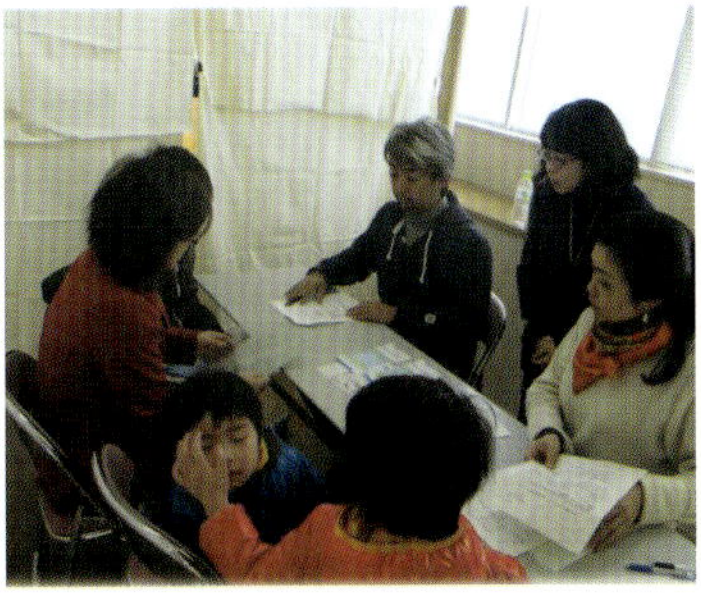

家庭ごとに指導する
渋谷教授と松村医師

各家庭ごとに室内や
庭先などを測定

Ⅱ．平成24年度の調査結果と対応

平成24年度

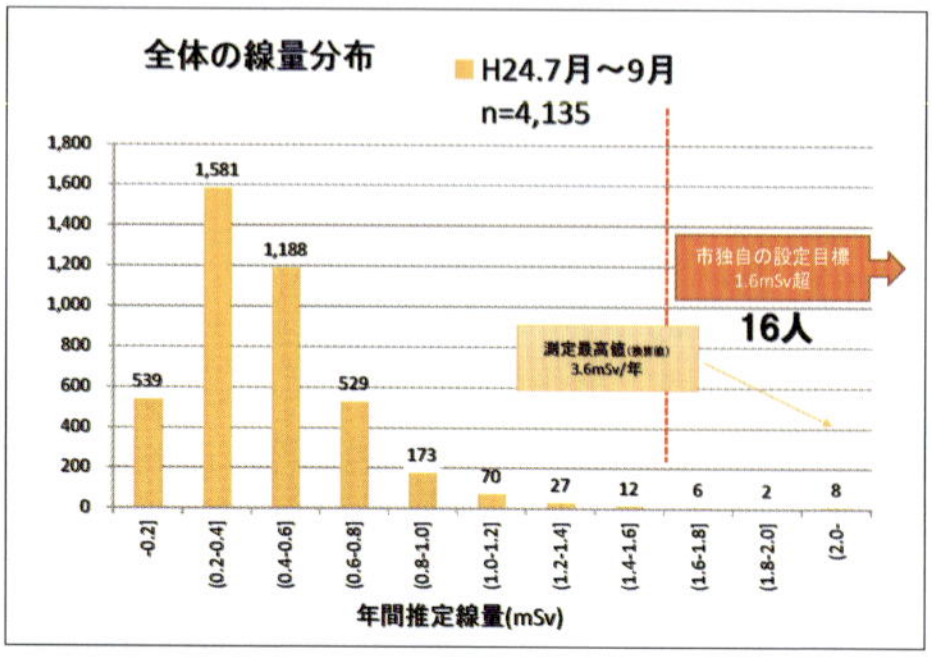

▽調査月＝2012.7月～9月
▽対象人数＝4,135人

平成24年度の調査では、対象人数4、135人中1.6ミリシーベルトを超えたケースは16人でした。また、最大値は1年間で3・6ミリシーベルトでした。

市としてはさらに、除染などの対策を強化しました。県全体でも、平成24年度からは除染作業が活発になっていきます。

高圧洗浄機による除染

Ⅲ．平成25年度～27年度

平成 25 年度

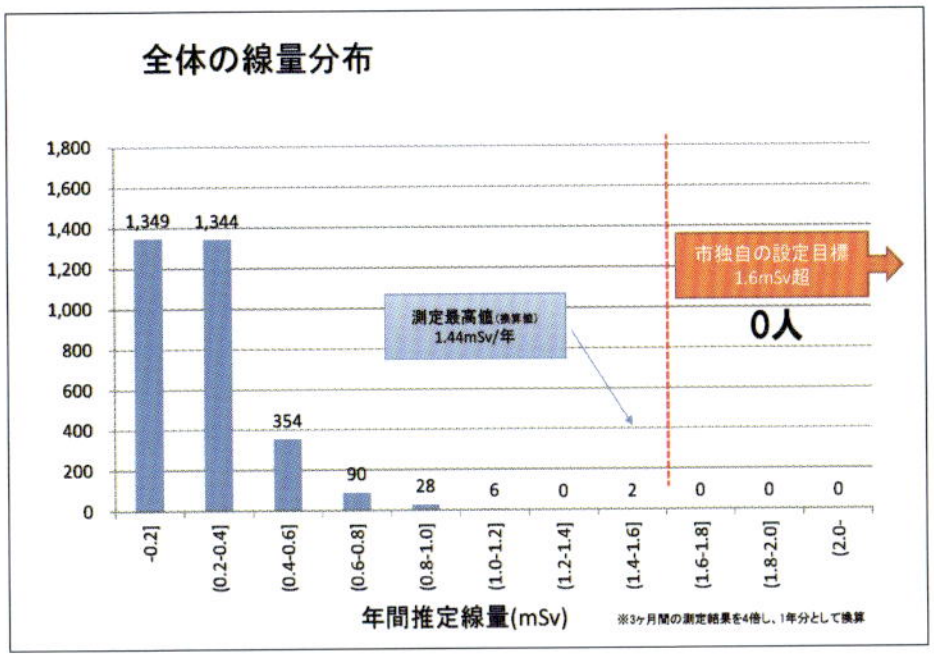

▽調査年月＝ 2013.5 月～ 7 月
▽対象人数＝ 3,173 人

平成25年度には、当初の目標であった年間1.6ミリシーベルトを超える児童生徒の数がゼロとなったため、市としては政府の示す『長期的には1年間あたり追加で1ミリシーベルト以下を目指す』という目標に切り替えることにしました。

平成25年度に1年間あたり1ミリシーベルトを超す児童生徒の数は8人でしたので、この周辺の空間線量改善を対策の目標としました。

平成26年度は、1年間あたり1ミリシーベルトを超えた児童生徒は2人でしたが、後の調査でガラスバッジを体に着けずに玄関の壁に掛けていたことが分かったため、次年度の再検査の結果を待って判断することにしました。

その平成27年度以降は、1年間あたり1ミリシーベルト以上の被ばく線量示す児童生徒は皆無です。

Ⅳ．平成28年度以降の対応について

以上の記載のとおり、5年目の平成27年度には、1年間あたり1ミリシーベルトの被ばく線量を示すケースが皆無となりましたが、子どもたちの将来を考えて、外部被ばく防止という当初からの目的のみならず、相馬市内で成長することへ不安を完全に払しょくするためにも、事故後10年は続けていこうと思っています。

平成26年度

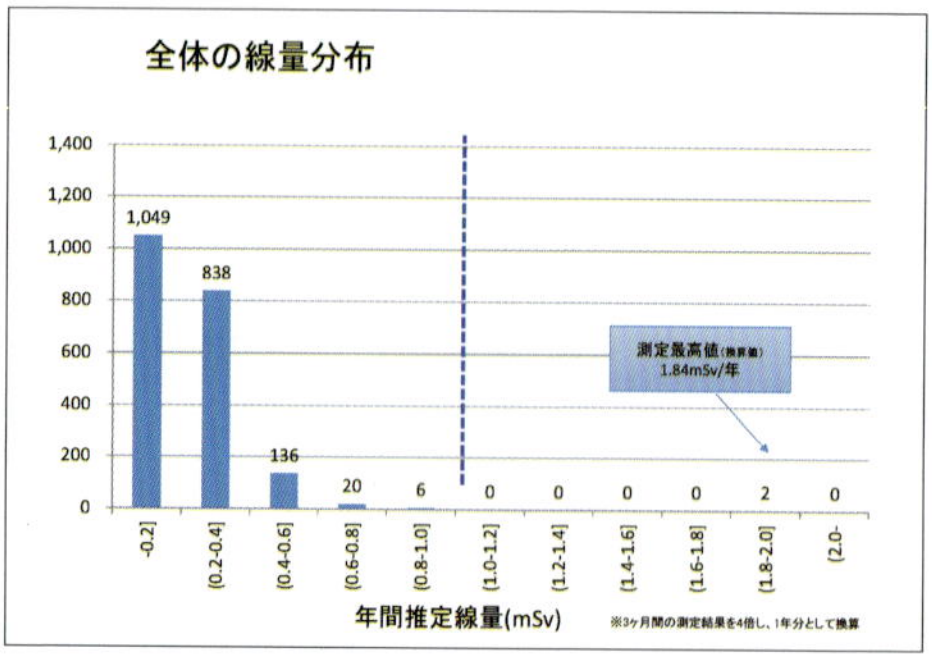

▽調査年月＝2014.9月～11月
▽対象人数＝2,051人

平成27年度

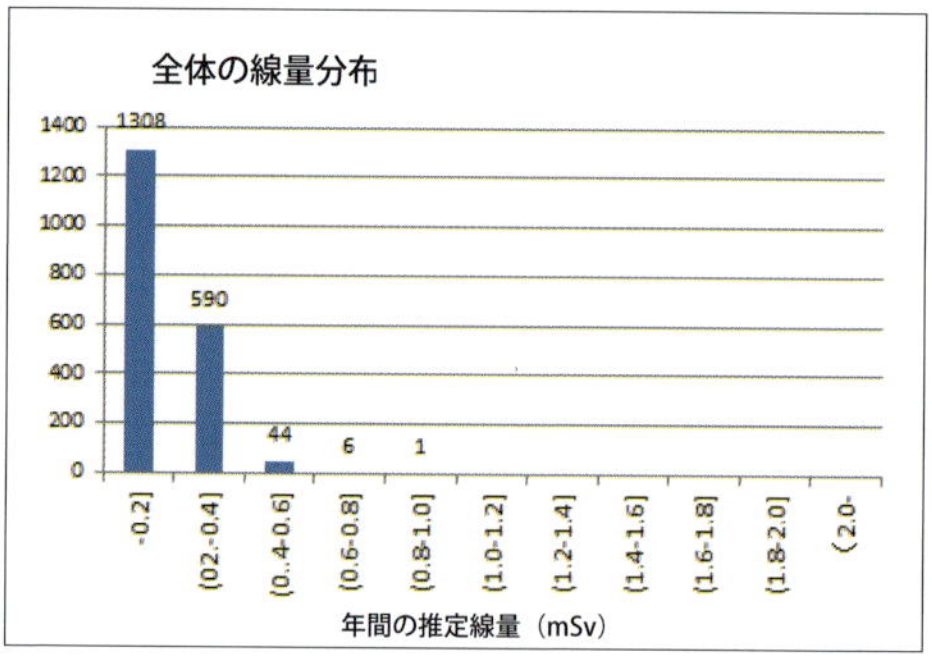

▽調査年月＝2015.9月～11月
▽対象人数＝1,949人

(17) ホールボディカウンター

ホールボディカウンターによる子どもたち全員の内部被ばく調査は、相馬市が主体的に行うべき重要な課題でした。はじめ復興庁に機器の購入予算をお願いしましたが、復興庁からは県に医療財源を渡してあるので、県に申し入れるように指示されました。その県からは、米国から機器の寄付の申し入れがあるので、相馬には早い段階でまわすから、待ってくれとのことでした。しかし、問題は時期が明確では無かったことと、その機器の性能についても不明確だったことです。

世界的にも経験の少ない事故でしたので、ホールボディカウンターについても精度などの点でさまざまな問題があったようです。バスなどの大型自動車に装備した可動式検査器では誤差が多いなどの指摘もありましたので、キャンベラ社の最新式で測定精度も高いと言われる機種を市独自で購入し、周辺からの放射線の遮蔽をしっかり行い測定誤差を極力少なくした上で、全児童生徒を検査対象とする計画を進めていきました。

ホールボディカウンター

安定した場所という問題に対しては、相馬中央病院の応接室を改造し、壁には鉛を入れ床を補強しました。また、数人の専任スタッフを準備して平成24年6月11日からホールボディカウンターによる内部被ばく検査を開始しました。

ホールボディカウンター検査結果

セシウム 137 の体内放射能量別の被検者数

※検出限界は 250Bq/body です。
60kg の方で 4Bq/body 程度。

▽調査年月＝ 2012.6 月～ 2013.3 月
▽対象人数＝子ども（小中学生）2,546 人

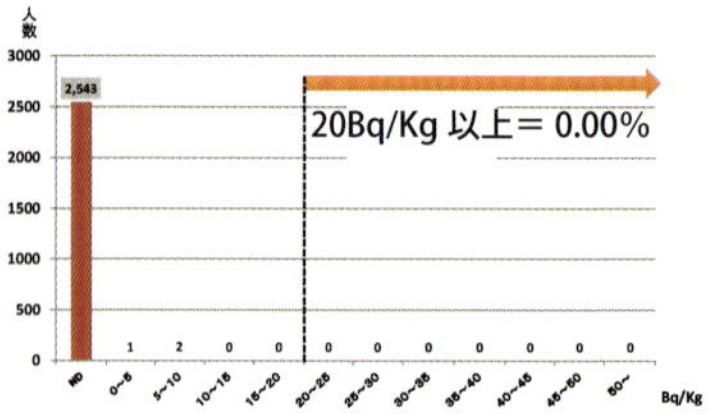

▽調査年月＝ 2013.4 月～ 2014.3 月
▽対象人数＝子ども（小中学生）2,583 人

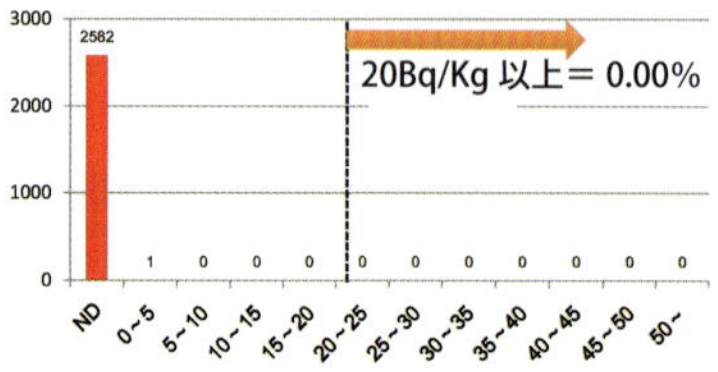

▽調査年月＝ 2014.2 月～ 2015.4 月
▽対象人数＝子ども（小中学生）2,519 人

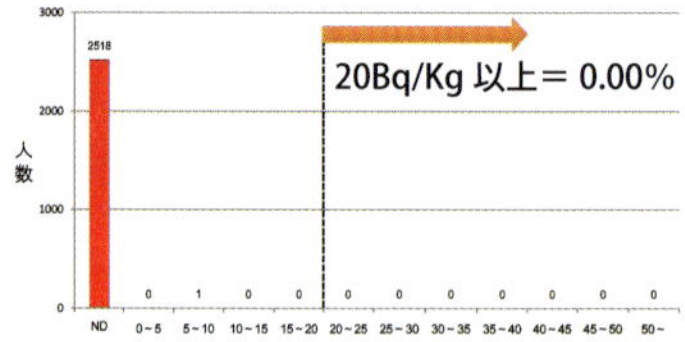

▽調査年月＝ 2015.4 月～ 2016.3 月
▽対象人数＝子ども（小中学生）2,582 人

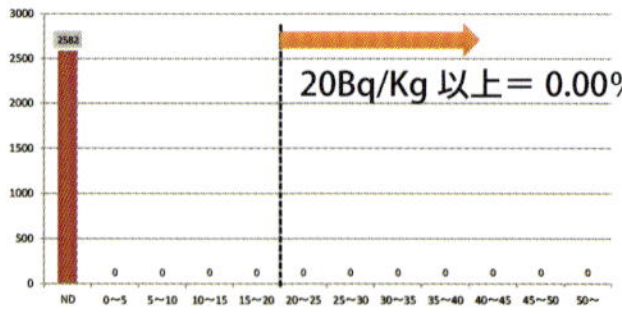

検査結果が示すとおり、相馬市では内部被ばくによる健康被害は極めて可能性が低いと考えられます。平成27年度まで再検査による確認も含めれば、毎年の検査で内部被ばくを示す子どもは皆無でしたが、平成28年度に2人発生しました。調査したところ、南相馬市に自生するマツタケを家族で食べたそうです。内部被ばく線量（預託実効線量）としては、胸部レントゲン検査一枚にも満たないわずかな線量でしたが、念のためにご家族を含めた生活指導をしました。

(18) 放射能教育の必要性

相馬市の原発事故対策とその結果を年度の経過とともに記述してきましたが、放射能問題はひたすら避ければ良いという単純なものではありませんでした。

我が国には、廃炉予定も含め53基の原子力発電所がありますが、そのいずれも絶対に安全という断定はできないものと思われます。たとえ廃炉という選択をしたところで、また核燃料を発電所の外部に持ち出したところで、反応炉をはじめ汚染された構造物は残ることになります。誤解を恐れずに言えば、仮に近隣某国のミサイルに狙われたら、あるいはテロに遭ったらと考えれば、事故の準備は平常時にこそしっかりとやっておく必要があります。

相馬市は、福島第一原発から45キロメートルの距離にあったため、原発近接地域の自治体が受ける補助金や交付金などの恩恵はありませんでした。そのため、我々は同じ福島県の浜通りで原子力発電所が稼働していても他所ごとと考えて、実際に事故が起きたらという仮定を立てることをして来ませんでした。

現地の病院の避難過程で多くの患者が亡くなりましたが、事故の対応を事前にしっかり準備していれば、また、被ばくの程度と健康被害の関係について基礎的な知識を持っていれば、多くの悲劇を防げたように思います。

事故当初、現地に発せられた指示は「とにかく逃げなさい」でした。

私の知人の学校教師は、自分の車の中の必要な物を取りに行くことも許されず、バスに乗せられたそうです。おそらく、国も県も一刻も早く原発から離れさせることこそがコンプライアンスと考えていたのでしょう。

1時間あたりの空間線量を年間換算して考える余裕がなかったことと、ウラン235の濃度が4〜5パーセントの核燃料棒は、90パーセントまで濃縮された広島型原爆と違い、爆発を起こす可能性が皆無に近いことなどの知識を持たなかったために、計画的な避難指示ができなかったと思われます。

特に、災害弱者と呼ばれる寝たきり老人にとっては悲劇でした。動けない老人は餓死するしかなかったのです。私の知人の外科医師は、彼ひとりで7人の餓死者の検死をしました。

その点、飯舘村の菅野村長の判断は適切だったと思います。我々相馬市も、飯舘村からの避難者164世帯を受け入れましたが、全村避難が決まってから3カ月後の仮設住宅完成を待って移住させました。

また、村内の老人ホームは低線量被ばくのリスクよりも、施設を離れるリスクの方が高いとして、村に留まりました。施設職員は、全員が被ばく線量を示す積算線量計をつけて、仕事と被ばく線量をコントロールしました。

国の放射能教育の不徹底は、社会的な風評被害の原因となっています。知人のお嬢さんは、福島県の女性だという理由で婚約が破談となりました。そして、原発事故から6年目を迎える今年でもその状況は、基本的に変わっていないように思われます。

平成28年11月と平成29年4月に、4回に分けて全国市長会の会員市長さん

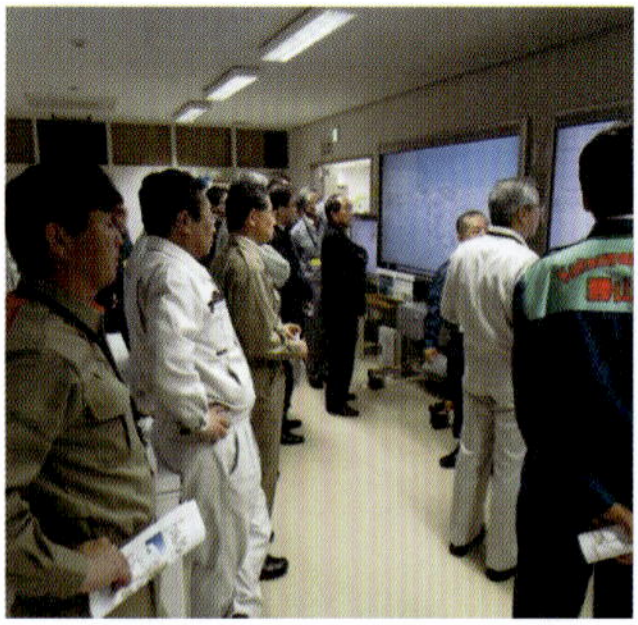

福島第一原発を視察する
全国市長会

たちを廃炉工事が続く福島第一原発の視察にご案内しました。

北海道から九州まで合計75名の市長さんたちが現地を視察し、実際に積算線量計を装着して、ところどころで測定する空間線量と実際の被ばく線量を体験してもらいました。

その際、視察の前に私が簡単な放射能と放射線に関するレクチャーを行いましたが、多くの市長さんたちは放射能と放射線の違い、また、シーベルトとベクレルの違いを理解していませんでした。市長さんたちすらそうですから、一般国民においては放射能の知識はほとんど行き渡っていないものと想像されます。私は折に触れ、放射能教育の必要性を訴えてきましたが、我が国はこれほどの原発事故を経験したにもかかわらず、かつての福島県民のように、国民全体が他所ごとと思っているようです。

相馬市では、事故直後から、市内12カ所の地区や漁協を会場として放射能の説明会を開催してきました。しかし、参加人数が少なく、また、大人たちに放射線教育と言ってもなかなか知識としては受け入れられませんでした。反面、学校教育の場では、小中学生ばかりでなく、市内の高校を対象に放射能に関する授業を毎年実施してきましたので、理解は深まっていると考えられます。

子どもたちにとって知識は、放射能と戦う最大の武器です。子どもたちの理解が深まることにより、地域全体に落ちつきが生まれたように思います。上昌広先生ほか担当された先生方には心から感謝しています。

(19) 国際シンポジウム(平成28年5月7日、8日)

平成28年5月7日と8日の2日間、相馬地方市町村会とWHOとの共催により、相馬市民会館で放射能と震災についての国際シンポジウムを開催しました。

相馬市と南相馬市には、この6年間の空間線量や食品や水に含まれる放射性物質に関する膨大な記録と、これまで記述してきたとおり実際に子どもたちや住民に対して行ってきた内部・外部被ばくの実測データが豊富に存在します。

また、甲状腺がんに関する検査データについては、福島医大が中心となる県民健康調査と連携して対応することとしましたが、当日は福島医大から、原発事故後も教室員を相馬に送り続けてくれた竹之下誠一教授（現・学長）と鈴

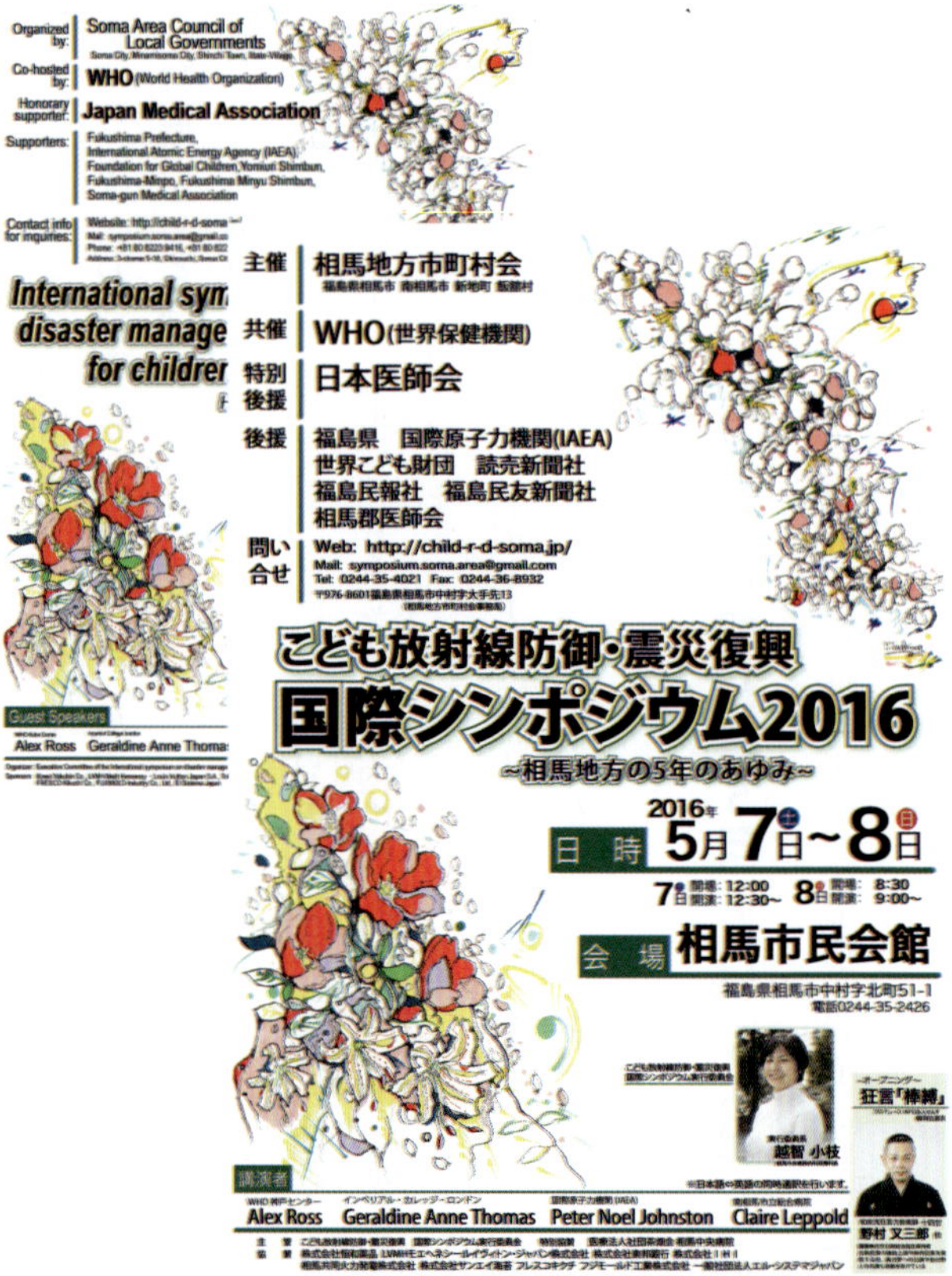

実行委員長越智小枝医師

震災からの取り組みなどを説明する筆者

木眞一教授にご出席いただき、鈴木教授には検査データなどの発表とパネルディスカッションでのご登壇をお願いしました。

国際シンポジウムでは、それらのデータを公表し原発事故による放射能被ばくを客観的に捉えることにより、人類が今後も直面する可能性を排除できない原子力災害に対して、実測値として示唆を与える意味がありました。

多くの方々にご来場いただきましたが、パネルディスカッションなどの対論内容や、公表されたデータなどを積極的に発信していきたいと考えています。

相馬市が積み上げたデータは市のホームページで公表していますが、世界中の研究者の方々に我々が体験した事実を公開することにより、好むと好まざるとに関わらず放射能と向き合うことになる人類にとっての示唆を提供することになります。よって、記録誌は英語バージョンも制作しました。

9名による
パネルディスカッション

ランチョンセミナー

あとがき

震災発生時からの記録と私の記憶をもとに相馬市の震災対応を整理してみましたが、改めて思うことは、実に多くの方々の支援があったればこそ、今日まで何とかやって来ることが出来たという感慨です。文中には登場しませんが、私が兄と慕う元国土交通省事務次官で現参議院議員の佐藤信秋氏、元国税庁長官の牧野治郎氏の両氏には、6年の間、最も頼れるアドバイザーとして私の気持ちの支えになっていただきました。

市役所の職員たちも立派だったと思います。震災翌日の夜、総務部長だった菊地利宗君が、「市長。市民がこんな思いをしているときに、我々は残業手当を一切請求しません。思う存分に我々を動かしてください」。後に総務大臣から「東日本大震災関連の残業手当は全額措置します」との通達が出て、残業手当などは職員たちの労に報いることができたのですが、彼らの心意気に私の気持ちが鼓舞されました。いま思い出しても目頭が熱くなります。

今日まで我々が行ってきた復興に対するプロセスが適切だったかどうかの評価は、後世の検証に委ねることになりますが、市長として災害対応の指揮を執って来た私にとって、市の職員たちは最強のチームメイトでした。能力、精神力ともに日本一の職員たちだと思っています。人生をかけて震災と向き合うとき、彼らとともに闘えたことは幸せでした。

震災当日、避難誘導を呼び掛けて廻り、津波から逃げ遅れて犠牲になった10人の消防団員たちのことは、この6年あまり頭から離れることがありませんでした。ですが今では、しっかりと復興を果たし、新しい相馬市を築いていくことこそが一番の供養になると考えられるようになりました。今日の相馬の復興の姿は、彼らの犠牲の上にあります。

本書を10柱の英霊に捧げます。

■参考文献一覧

▽第 1 回中間報告　平成 23 年 8 月 1 日発行
▽第 1 回中間報告（増刷版）　平成 23 年 10 月 1 日発行
▽第 2 回中間報告　平成 24 年 4 月 1 日発行
▽第 2 回中間報告（詳細版）　平成 24 年 7 月 1 日発行
▽第 3 回中間報告　平成 25 年 4 月 1 日発行
▽第 4 回中間報告　平成 26 年 6 月 1 日発行
▽第 5 回中間報告　平成 27 年 6 月 1 日発行
▽ 5 年間の記録　中間報告ダイジェスト版
平成 28 年 3 月 1 日発行
▽第 6 回中間報告　平成 28 年 4 月 1 日発行
▽第 7 回中間報告　平成 29 年 4 月 1 日発行

▽ Tsubokura M, Murakami M, Nomura S, Morita T, Nishikawa Y, Leppold C, Kato S, Kami M. Individual external doses below the lowest reference level of 1 mSv per year five years after the 2011 Fukushima nuclear accident among all children in Soma City, Fukushima: A retrospective observational study. PLoS One. 2017 Feb 24;12(2):e0172305. doi: 10.1371/journal.pone.0172305. eCollection 2017. PubMed PMID: 28235009; PubMed Central PMCID: PMC5325236.
（相馬市の子ども達の外部被ばくが 5 年以内に全員で 1mSv 以下になったことを報告するもの。）

▽ Ishii T, Tsubokura M, Ochi S, Kato S, Sugimoto A, Nomura S, Nishikawa Y, Kami M, Shibuya K, Saito Y, Iwamoto Y, Tachiya H. Living in Contaminated Radioactive Areas Is Not an Acute Risk Factor for Noncommunicable Disease Development: A Retrospective Observational Study. Disaster Med Public Health Prep. 2016 Feb;10(1):34-7. doi: 10.1017/dmp.2015.102. Epub 2015 Sep 9. PubMed PMID: 26349438.
（相馬市玉野地区での継続的な健診結果をまとめたもの。被ばく量は低く維持され、慢性疾患の悪化も抑えられていることを報告したもの。）

●た行

●な行

●は行

●さ行

INDEX 索引

■著者紹介

立谷 秀清（たちや ひできよ）

【略歴】

昭和26年６月　相馬市原釜生まれ

福島医大卒　内科医

相馬中央病院　理事長

老人保健施設ベテランズサークル　理事長

【主な公職など】

相馬市長

全国市長会副会長

福島県市長会会長

全国医系市長会会長

社会資本整備を考える首長の会　会長

低炭素社会を考える首長の会　会長

地方を守る会　代表幹事

道路建設促進期成同盟会全国協議会　副会長

東京農業大学客員教授

平成23年３月11日14時46分発生
東日本大震災
震災市長の手記

定価（本体2,000円＋税）

著　者　立谷　秀清 ©2017 Tachiya Hidekiyo

発　行　平成29年９月１日　（第一刷）
　　　　平成29年９月７日　（第二刷）

発行者　近代消防社
　　　　三井栄志

発行所

近代消防社

〒105-0001　東京都港区虎ノ門２丁目９番16号
（日本消防会館内）

TEL　東京（03）3593－1401㈹
FAX　東京（03）3593－1420
URL　http://www.ff-inc.co.jp
E-mail　kinshou@ff-inc.co.jp
〈振替　00180-6-461　00180-5-1185〉

ISBN978-4-421-00901-9 C0030 〈乱丁・落丁の場合はお取替え致します。〉